Haller · Reinalter

# Trauernde begleiten

**Susanne Haller** leitet seit 2010 die Elisabeth-Kübler-Ross-Akademie® des Hospiz Stuttgart. Sie ist Krankenschwester, Palliative-Care-Fachkraft, Trauerbegleiterin, Personzentrierte Beraterin, Supervisorin und Coach (DGSv). Für die beruflichen Weiterbildungskurse in der Akademie ist sie zertifizierte Kursleiterin der Deutschen Gesellschaft für Palliativmedizin (DGP) und zertifizierte Qualifizierende für die Basisqualifikation zur Trauerbegleitung des Bundesverbandes Trauerbegleitung (BVT). Ruhe und Erholung findet sie mit Achtsamkeitsübungen und auf der Yogamatte. Mehr erfahren Sie unter: www.elisabeth-kuebler-ross-akademie.de

**Martina Reinalter** ist eine erfahrene Trauerbegleiterin des Hospiz Stuttgart und Referentin an der Elisabeth-Kübler-Ross-Akademie am Hospiz Stuttgart. Darüber hinaus arbeitet sie als Arbeitscoach und unterstützt Menschen darin, ihren Weg zu finden. Mehr erfahren Sie unter: www.arbeits-coach.de

Susanne Haller
Martina Reinalter

# Trauernde begleiten

## Trauer verstehen und Trauernde empathisch unterstützen

TRIAS

# Liebe Leserin, lieber Leser,

wir alle erleben Verlust und Trauer in unserem Leben und gleichzeitig lernen wir nichts darüber und ebenso nicht, damit umzugehen. Viele Trauernde – egal welchen Alters – fühlen sich alleingelassen in ihrer Trauer. Wir wissen nicht, was das Verlusterleben mit uns macht, wie sich Trauer zeigt. Dabei ist unser Leben eine Aneinanderreihung von Abschieden und zahlreichen Trauererfahrungen. Und obwohl wir so viel Trauer erfahren, haben wir wenig Worte dafür. Es geht darum zu wissen, wie Trauer grundlegend funktioniert, auch wenn sie immer individuell ist, wie man über Trauer sprechen kann und wie man Trauernde unterstützen kann.

Es ist wichtig und hilfreich, über seine Trauer und den Verlust zu sprechen sowie seine Gefühle besser verstehen zu lernen und ausdrücken zu können. Dabei gibt es keinen richtigen Weg zu trauern. Jede Trauer ist einzigartig und ein komplexes Geschehen. Trauer folgt keinen Mustern. Die Trauer um einen geliebten Menschen bleibt ein Leben lang, und nur durch das Trauern verändert sich die Trauer. Wir lernen, mit ihr zu leben, und wir integrieren sie in unsere Lebensgeschichte. Sie macht uns zu dem Menschen, der wir heute sind. Trauer ist ein Teil von uns.

Wenn wir unsere Trauer teilen dürfen, spüren wir eine Verbindung zu anderen Menschen, auch wenn diese bereits abgerissen schien. Die Verbindung ergibt sich aus dem unverstellten, puren Menschsein. Deshalb ist Trauerbegleitung so wertvoll und wirkungsvoll – sie verbindet die Menschen untereinander.

Wir möchten mit diesem Buch eine Verbindung schaffen zwischen Menschen in Trauer; Worte und Ausdruck finden für die Trauer sowie Mut machen zur Trauerbegleitung und Hilfestellung dabei geben, ob in Einzelgesprächen oder Gruppen. So einzigartig die Trauer einer jeden Person ist, so einzigartig darf oder vielmehr muss die Trauerbegleitung sein. Und doch gibt es eine Basis, ein Fundament der Trauerbegleitung, und damit auch eine Basis für jede Trauerbegleiterin und für jeden Trauerbegleiter.

Wir freuen uns, wenn dieses Buch dabei hilft, ein tragfähiges Fundament aufzubauen und zur Weiterentwicklung anzuregen.

Ihre Susanne Haller und Martina Reinalter

# Über die Elisabeth-Kübler-Ross-Akademie

Wenn wir den Fernseher einschalten, werden wir in manchen Zusammenhängen über die fünf Stadien des Verlustes bzw. der Trauer auf unterhaltsame Weise aufgeklärt, wie z.B. bei »Damaged Goods«, einer Serie von 2022. Dieses Allgemeinwissen haben wir der Ärztin Elisabeth Kübler-Ross zu verdanken. Wie keine andere zuvor hat sie es geschafft, eine so breite und über Jahrzehnte hinweg geschaffene Öffentlichkeit zur Aufklärung über die Themen Sterben, Tod und Trauer zu erreichen. Obwohl wir heute eine explizitere Sicht auf Bewältigungsmechanismen und Coping-Strategien haben, bleibt das Wissen um die fünf Sterbe- und Trauerphasen – Leugnen, Zorn, Verhandeln, Depression, Zustimmung –, das wir Elisabeth Kübler-Ross verdanken, Allgemeingut.

Elisabeth Kübler-Ross (1926–2004) hat als Ärztin gewagt, das Tabu zu brechen, mit Sterbenden zu sprechen. Üblicherweise wurde dank der damaligen medizinischen Errungenschaften mehr auf die Technik als auf die menschlichen Bedürfnisse geachtet. Sie hatte, zum Schrecken Vieler, schwer kranke und sterbende Menschen über ihre Gefühle, Gedanken und ihr Erleben befragt, teilweise vor Publikum in Hörsälen. Diese Interviews und ihre Schlussfolgerungen daraus veröffentlichte sie 1969 in ihrem Buch »On Death and Dying« (auf Deutsch erschienen unter dem Titel »Interviews mit Sterbenden«)[1].

Seitdem wurde sie entweder sehr verehrt oder völlig abgelehnt. Für viele gilt sie heute dennoch weiterhin, neben Dame Cicely Saunders (1918–2005), als die Pionierin der modernen Hospizbewegung.

Und so entsteht die Verbindung zur Elisabeth-Kübler-Ross-Akademie in Stuttgart. Tatsächlich verbrachte Elisabeth Kübler-Ross mehrmals Zeit in Stuttgart und leitete Workshops zur Verarbeitung von Verlusterfahrungen in Krankheit und Trauer mit hunderten von Teilnehmenden an. Mit ihrer beeindruckenden Persönlichkeit hat sie unzählige Menschen inspiriert. Alle Stuttgarter Pionierinnen und Pioniere der Hospizbewegung – egal ob wir Dr. Daniela Tausch, erste Gesamtleiterin des Hospiz Stuttgart, Helmuth Beuthel und Martin Klumpp, Mitinitiatoren Hospiz Stuttgart, oder Prof. Dr. Dr. h.c. Christoph Student, zweiter Gesamtleiter des Hospiz Stuttgart, fragen – alle berichten, welche beeindruckende Persönlichkeit Elisabeth Kübler-Ross war.

Prof. Student sagt im Interview: »Bewundert habe ich an ihr ihren Mut, ihre Kreativität, ihre Intuition, ihre Hartnäckigkeit und ihr unglaubliches Charisma …« Weiter sagt er: »… und die Integrität von Elisabeth Kübler-Ross, das war eines der Dinge, die ihr enorme Glaubhaftigkeit verlieh und mit der sie auch all die unendlich vielen Anfeindungen, die sie erlebt hat, überstanden hat.«[2] Prof. Student war als Psychiater, Palliativmediziner und Psychotherapeut von 1997 bis 2006 Gesamtleiter des Hospiz Stuttgart. Seine Lehr- und Lernerfahrungen mit Kübler-Ross hat er in viele seiner Überlegungen und in seine Übungen in der Hospiz- und Bildungsarbeit aufgenommen. Diese Erkenntnisse und Übungen fließen bis heute in die Akademiearbeit mit ein.

Ein weiterer Weggefährte von Kübler-Ross war der damalige Prälat i. R. Martin Klumpp. Er war als Erster und ist bis heute in der Begleitung von trauernden Menschen in Stuttgart aktiv. Als Pionier in der Leitung von Trauergruppen hatte er Elisabeth Kübler-Ross häufig zu Gast am Abendbrottisch.

So ist es einer Riege von unterschiedlichen Menschen in Stuttgart zu verdanken, dass nach der Einrichtung eines ambulanten Hospizdienstes (1987) das stationäre Hospiz Stuttgart (1994) mit einem Bildungsauftrag (Bildungsreferat) für die Aufklärung der Öffentlichkeit, zur Schulung von »freiwilligen Begleitenden« (Ehrenamtlichen) und zur Fortbildung von medizinisch-pflegerischem Personal entstand und bis heute mit den Bereichen eines ambulanten Kinderhospizdienstes (2004) und eines stationären Kinderhospizes (2017) weiter gewachsen ist.

Das frühere Bildungsreferat wurde nach dem Tod von Elisabeth Kübler-Ross 2005 wegen der damaligen freundschaftlichen Verbindungen zu ihr persönlich – mit Erlaubnis der Hinterbliebenen – in Elisabeth-Kübler-Ross-Akademie® umbenannt. Der Bildungsauftrag der Akademie besteht bis heute darin, Haltung und Wissen zu den Themen Sterben, Tod und Trauer zu verbreiten. Da die Sterbebegleitung (Palliative Care) auch immer den Auftrag zur Trauerbegleitung einschließt, ist der Trauerbereich des Hospiz Stuttgart in der Institution als verbindendes Element zu sehen, der wie die Akademie alle Bereiche verbindet.

Wir zwei Autorinnen kommen aus diesen beiden Bereichen und möchten mit diesem Buch auf die Phänomene der Trauer und der Trauerbegleitung und auf die Inhalte und Aspekte der Haltung, Werte und Kommunikation der Qualifizierung zur bzw. zum Trauerbegleitenden der Hospiz- und Palliativbewegung blicken.

> — **Wissen ist zwar nützlich, aber Wissen allein hilft niemandem. Wenn Sie nicht alles einsetzen – Ihren Kopf und Ihr Herz und Ihre Seele –, werden Sie keinem einzigen Menschen je wirklich helfen können.**[3] —
>
> Elisabeth Kübler-Ross

# Geleitwort des BVT

Seit vielen Jahren qualifiziert Susanne Haller Trauerbegleitende nach den Standards des Bundesverbandes Trauerbegleitung e. V. (BVT). Martina Reinalter ist eine erfahrene Trauerbegleiterin und beiden zusammen ist ein wunderbares Buch gelungen! Die Wertschätzung für trauernde Menschen und eine Hochachtung für die, die Trauernde begleiten, fließen ineinander, Betroffene können sich wiederfinden. So ist das Buch wie ein Kompass, der durch die eigene Trauer begleiten kann. Trauerbegleitende, Personen, die sich in der Qualifizierung befinden und alle, die trauernde Menschen in ihren beruflichen und ehrenamtlichen Kontexten begleiten, profitieren von der Auffächerung dessen, was heilsam ist und zur kompetenten Trauerbegleitung dazugehört. Damit verbindet das Buch viel Wissen und wird getragen von durchdachter und gelebter Praxiserfahrung. Den beiden Autorinnen gelingt es, dies so zugänglich zu machen, dass die Komplexität des Phänomens Trauer verstehbar wird und Trauerbegleitung fundierte Anleitung erhalten kann.

Ich wünsche Susanne und Martina eine breite Leserinnen- und Leserschaft und Resonanzen, die sie bestärken, weiter in Beziehung zu bleiben mit Menschen, die sich im Leben neu finden müssen.

In herzlicher Verbundenheit
Dr.in Carmen Birkholz,
1. Vorsitzende des Bundesverbandes Trauerbegleitung e. V. (BVT)
Klingenmünster, im Oktober 2023

# Im Zentrum steht die Beziehung

Trauernde Menschen zu begleiten ist eine anspruchsvolle Aufgabe, denn der Verlust eines geliebten Menschen ist eine der schmerzlichsten Erfahrungen, die Menschen machen können – schmerzlich für die Betroffenen, aber auch für die Begleitenden. Sie werden Zeugen ihres Leids und können doch so wenig helfen. Sie können weder den Schmerz der Trauernden noch den Trauerprozess auflösen, was auch nicht hilfreich wäre.

## Die Rolle Trauerbegleitender

Trauerbegleitung berührt die Begleitenden in dreifacher Hinsicht: Erstens werden sie sich durch die Arbeit mit Trauernden immer wieder eigener schmerzlicher Verluste bewusst und an sie erinnert, das kann wehtun und aufwühlen. Zweitens wird die Furcht der Begleitenden vor eigenen Verlusten in der Trauerbegleitung immer wieder aktiviert und verstärkt. Und drittens hängt die Herausforderung mit der existentiellen Angst und dem Bewusstsein der Unabwendbarkeit des eigenen Todes zusammen.

Andererseits ermöglicht die Begleitung von Trauernden eine echte zwischenmenschliche Begegnung und ist dadurch sinnstiftend für Begleitende. In der zutiefst menschlichen Begegnung liegen Sinn und Herausforderung zugleich. In dieser Qualität der Begegnung begründet sich die Wirksamkeit der Trauerbegleitung für die Trauernden wie für die Trauerbegleitenden.

## Auch Trauerbegleitende werden gestärkt

Den Trauerbegleitenden gibt diese Begegnung Kraft und Mut für das eigene Tun. Sie begleiten die Hinterbliebenen hinaus in ein anderes Leben. Dies zu beobachten, den Prozess mitzuerleben und teilhaben zu dürfen, weckt das Bewusstsein und stärkt das Vertrauen in das eigene Leben.

Deshalb wird in der Qualifikation zur Trauerbegleitung ein besonderes Augenmerk auf die Reflexion der Abschiede im eigenen Leben gelegt. Dies soll auch dazu beitragen, dass die Trauerbegleitenden nicht von ihren eigenen Gefühlen und Erfahrungen während des Trauergesprächs überrollt werden. Die Beschäftigung mit den Abschieden und Neubeginnen im eigenen Leben macht den Teilnehmenden ihre eigene Resilienz bewusst und die eigene Erfahrung mit Verlusten, die eigene Trauerarbeit und Trauergeschichte werden präsent und erneut reflektiert, bearbeitet und verschaffen, wenn möglich, neue Einsichten.

Menschen in schweren Zeiten beizustehen, stärkt die Sicherheit der Trauerbegleitenden im Umgang mit ihren eigenen Verarbeitungsstrategien. Durch Selbsterfahrung und Supervision erkennen sie Grenzen ihrer eigenen Belastbarkeit und lernen, ihre Bedürfnisse zu erkennen und zu äußern. Sich der eigenen Motivation und Bedürftigkeit als Trauerbegleitende bewusst zu sein, ist von großer Relevanz. Einblicke in Schicksale der Menschen erfüllt die Trauerbegleitenden mit Demut und Achtung. Sie erlangen durch ihre Arbeit ein hohes Maß an Zufriedenheit. Es ist fast wie ein Reifeprozess, den die Trauerbegleitenden durch ihr Tun durchlaufen. Dieser Prozess ist fest gekoppelt an die Bereitschaft der Trauerbegleitenden, sich immer wieder den ganz existentiellen Themen zu stellen. Eigene Trauer-Wunden können wieder aufplatzen. Wichtig ist, sich der eigenen Verletzlichkeit bewusst zu sein. Den eigenen Gefühlen können sich Trauerbegleitende im Anschluss stellen.

## Trauerbegleitende müssen ihre Grenzen kennen

Vor diesem Hintergrund wird deutlich, dass Trauerbegleitung von den Begleitenden erfordert, ihre persönlichen Grenzen zu kennen. Eigene Verlusterfahrungen sollten durchgearbeitet und bis zu einem gewissen Grad bewältigt sein. Trauerbegleitende sollten sich über ihre Wertvorstellungen bewusst sein – darüber, was sie als richtig und falsch bewerten, weil sie der menschlichen Lebensdiversität begegnen. Und ebenso ist das Bewusstsein notwendig, dass die Trauerbegleitenden nur die eigene oder einen Teil an Trauerreaktionen kennen, anderes ihnen aber fremd ist. Trauerbegleitende bleiben Lernende.

Trauerbegleitung kann die Begleitenden immer wieder deutlich an ihre Grenzen führen oder Prozesse auslösen. Deshalb sollten sie wissen, wo sie selbst Hilfe finden können. Dies ist auch für professionelle Helfer manchmal sehr schwierig.[4]

Die Rolle Trauerbegleitender ist damit grundlegend gekennzeichnet durch einen persönlichen Entwicklungs- oder Reifungsprozess, auf den sie sich einlassen müssen und der fortwährend ist.

## Die passende Trauerbegleitung finden

Neugierde und das große Vertrauen in den Menschen, seinen eigenen Weg zu finden, ist der positive Antrieb dafür, Menschen in schwierigen Lebensabschnitten zu begleiten. Wie kann ich trauernde Menschen in ihrer Trauer begleiten und wie finde ich die für sie jeweils passende Trauerbegleitung?[5]

Für diese individuelle Passung ist Vertrauen vonnöten. Jeder Mensch trauert individuell und für jeden findet sich eine geeignete Person, zum genau richtigen Zeitpunkt, mit den entsprechenden Methoden, Fähigkeiten und Kompetenzen.[6] Dabei darf es auch Umwege geben. Es gehört dazu, Trauernde dazu zu ermutigen, sich auszuprobieren und sich auf Neues einzulassen. Gleichzeitig sollen sie darin bestärkt werden, den eingeschlagenen Weg verlassen zu dürfen und einen anderen zu wählen.

# Haltung

Und wie kann sich eine tragende Beziehung einstellen, sodass dieser trauernde Mensch sie für sich und seine eigene Trauergeschichte nutzen kann?[7] Diese Frage kann die Grundhaltung beschreiben. Carl Rogers (1902–1987), Psychologe und Psychotherapeut und Begründer der personenzentrierten Gesprächspsychotherapie, untersuchte, welche Techniken in therapeutischen Gesprächen wirken. Dafür nahm er seine Therapiegespräche auf Tonband auf, hörte sie ab und stellte die folgenden Thesen auf. Drei Haltungen und entsprechende Aktivitäten haben sich als hilfreich herausgestellt und sind bis heute anerkannt:

## Wertschätzung und bedingungsfreies Akzeptieren

Trauerbegleitende bringen dem trauernden Menschen tiefe und echte Zuwendung entgegen und äußern sie auch. Die Zuwendung ist frei von Beurteilung und Bewertung der Gedanken, Gefühlen und Verhaltensweisen der Trauernden. Eine unvoreingenommen, geradezu kindliche Neugier ist dabei hilfreich. Alle Trauernden sind sozusagen ein Unikat und damit immer wieder Neuland für Trauerbegleitende. Es ist, wie es ist!

FALLSTRICKE:

- eigene Wert- und Moralvorstellungen, die wertfreie Zuwendung schwierig machen
- getriggert werden (evtl. unbewusste Auslösereize werden aktiviert), was erschwert, in der Rolle zu bleiben

## Empathie

Hier geht es um präzises, einfühlendes Verstehen. Trauerbegleitende fühlen sich unmittelbar im Hier und Jetzt in die innere Welt der Trauernden ein. Sie reagieren sensibel, übernehmen aber nicht die Gefühle der Trauernden, sondern in einem »Als-ob-Charakter«.

**FALLSTRICKE:**

- Dieses Sich-Einfühlen kann Trauerbegleitende mit eigenen Aspekten konfrontieren. Dann hilft es, kurz innezuhalten, gewahr zu werden und »das Eigene« sozusagen parken.
- getriggert werden und doch in das Mitleiden fallen

## Kongruenz und Authentizität

Dies bedeutet, echt zu sein, ohne Fassade zu sein, und ein inneres Übereinstimmen. Trauerbegleitende bleiben sie selbst, sind stimmig in sich und ihrer Welt. Was sie erleben und empfinden, ist ihnen bewusst. Sie können dies dem Trauernden in angemessener Weise mitteilen. Auch Trauerbegleitende müssen nicht alles verstehen oder gut finden, sie dürfen irritiert sein und dies auch ausdrücken – durch Ich-Botschaften, Nachfragen und ohne Wertung.

**FALLSTRICKE:**

- die eigene Bedürftigkeit nach Anerkennung und Wertschätzung, als gute oder beliebte Trauerbegleitende zu gelten
- tiefsitzende Glaubenssätze »Das gehört sich nicht«, »Das darf nicht sein«

## Im Fazit

Laut Rogers machen folgende Haltungen eine tragende Beziehung aus:

- Authentizität und Transparenz, ich zeige mich in meinen wirklichen Gefühlen;
- warmes Akzeptieren und Schätzen des anderen als eigenständiges Individuum;
- Einfühlung, die Fähigkeit, den anderen und seine Welt mit seinen Augen zu sehen.[8]

Das Gegenüber wird in dieser Beziehungsgestaltung:

- Aspekte seines Selbst, die es bislang unterdrückt hat, erfahren und verstehen;
- finden, dass es stärker integriert ist, und eher in der Lage sein, effektiv zu agieren;
- dem Menschen, der es sein möchte, ähnlicher werden;
- mehr Selbständigkeit und Selbstbewusstsein zeigen;
- mehr Persönlichkeit werden, einzigartiger und fähiger zum Selbstausdruck
- verständiger, annahmebereiter gegenüber anderen sein;
- angemessener und leichter mit den Problemen des Lebens fertigwerden können.[9]

Prof. Dr. Reinhard Tausch (1921–2013), Schüler von Carl Rogers, brachte die personenzentrierte Gesprächstherapie in den 1980er-Jahren nach Deutschland und lehrte lange Zeit in Hamburg. Zur Einweihung der Elisabeth-Kübler-Ross-Akademie® 2005 hielt Prof. Tausch einen Festvortrag zum Thema »Förderliches Verhalten bei seelisch-körperlichen Stressbelastungen«, da auch die hospizlich-palliative Haltung auf der Haltung der Gesprächspsychotherapie basiert. Für ihn war von Bedeutung, dass die Grundhaltung der einfühlsamen Gespräche auch im täglichen mitmenschlichen Zusammenleben hilfreich und förderlich ist.

Genau diesen Ansatz finden wir in der Trauerbegleitung: Menschen begleiten Menschen in Trauer. Durch diese hilfreiche Haltung können die Trauerbegleitenden eine erhebliche Linderung der erlebten Trauergefühle ermöglichen, sie ermöglichen es den Trauernden, sich selbst mehr kennenzulernen, mehr zu akzeptieren und besser in der Trauer zu verstehen. Dies kann eine sehr heilsame seelische Erfahrung sein. Oft reichen schon wenige Gespräche aus. Manchmal sogar nur ein einziges, fast zufälliges Gespräch. Mit dieser Grundhaltung aus der personenzentrierten Gesprächspsychotherapie können sich Trauernde mit dem Beziehungsangebot der Trauerbegleitenden auf ihre jeweilige einzigartige Trauer-Reise machen.[10]

# Beziehung und Beziehungsgestaltung

Der Mensch ist ein Beziehungswesen und wir treten ständig in Beziehung zu anderen. Wenn wir eine hilfreiche Beziehung in der Trauerbegleitung herstellen können, ermöglichen wir eine unmittelbare Begegnung mit den Trauernden. Wir reagieren auf die innere Welt der Trauernden mit ihren Gefühlen, Fantasien, Gedanken und ihrem Körper. Wir stellen uns auf diese vielfältigen Kanäle ein und bieten mit unserem Wissen, unseren Erfahrungen, unseren Empfindungen und unseren Ideen eine mehrdimensionale Begleitung im »Hier und Jetzt (s. S. 23)« an.

Über einer vertrauensvollen Beziehung steht als Überschrift: »Kann ich irgendwie so sein, dass der andere mich wirklich als vertrauenswürdig, verlässlich und beständig wahrnimmt?«.[11] Rogers stellt weitere Überlegungen zur Beziehungsgestaltung an. Er stellt am Ende seiner Ausführungen die Hypothese auf, dass »der Grad, in dem der Begleitende Beziehungen eingehen kann, die die Entfaltung anderer (der Trauernden) als eigenständiger Menschen fördern, [...] dem Maß der Entfaltung, die er/sie selbst erreicht hat [entspricht]«.[12] Dies bedeutet, »dass ich, wenn ich daran interessiert bin, hilfreiche Beziehung zu schaffen, eine faszinierende, lebenslange Arbeit vor mir habe, in der ich meine Anlagen auf Entfaltung hin ausrichte und entwickle«.[13] Wie schon weiter oben gesagt, erfordert die Trauerbegleitung, dass wir als Trauerbegleitende in unserer Haltung immer Lernende bleiben und immer weiter dazulernen – von jedem einzelnen Trauernden – und bereit und offen sind für diese persönliche Entwicklung.

**WEITERE UNTERSTÜTZENDE FAKTOREN:**

- Neugierig bleiben – auf uns, die Welt und das Gegenüber.
- Nicht werten und urteilen – sich die eigenen Urteile und Vorurteile bewusst machen und reflektieren (d.h. offen bleiben) – und das Gegenüber in seiner Welt verstehen wollen.
- Die Bereitschaft zur Resonanz, zum Mitschwingen mit Anderen
- Die Bereitschaft zur Selbstreflexion

Dazu wissen wir, wie prägend der sogenannte erste Eindruck ist. So entsteht in weniger als einer Sekunde[14] in uns (als Trauerbegleitenden) ein Bauchgefühl – Sympathie oder Antipathie. Im Trauerbegleitungskontext heißt das für uns, wir können uns diesen ersten Eindruck zunutze machen. Die Wahrnehmung von Sympathie und Antipathie gibt uns immer auch Information, die wir, wenn wir sie uns bewusstmachen und reflektieren, auch für die Beziehungsgestaltung nutzen können. Gerade dafür ist die Offenheit nötig (siehe oben).

Als Trauerbegleitende können wir mit Vertrauen und Respekt die trauernden Menschen bei ihren Entwicklungsschritten begleiten. Diese »Aktualisierungstendenz – sich konstruktiv in Richtung auf Selbstverwirklichung hin zu entwickeln«[15] – kann beispielsweise mit einer Blume verglichen werden, die sich von innen heraus zur Sonne dreht oder mit Kindern, die laufen lernen und, obwohl sie dutzende Male hinfallen, doch immer wieder aufstehen. Auf diese Weise können wir uns als »Hebamme« für einen seelischen Prozess, der im anderen stattfindet, sehen. Es geht um ein gemeinsames Tun mit einer forschenden, offenen Grundhaltung, um gemeinsam herauszufinden, was in diesem Moment hilfreich und sinnvoll sein kann. Dies zu erkunden, ist ein wichtiger Teil der Arbeit.[16]

Zudem ist es wichtig, dass die Gefühle der Trauernden anerkannt und verstanden werden. Gerne starten wir auch mit dem Hinweis: »Falls Ihnen etwas befremdlich vorkommt, für Sie nicht greifbar ist, etwas bei Ihnen Stress auslöst oder als belastend erlebt wird, geben Sie mir bitte eine Rückmeldung. Gehen Sie davon aus, dass es uns ein Anliegen ist, eine Atmosphäre zu schaffen, in der Sie sich sicher fühlen und wohlfühlen.« Aufklärung und Information gibt Sicherheit und kann den Stress, den die Trauernden spüren, reduzieren.[17]

# Die Kunst der Gesprächsführung

Kommunikation ist der Schlüssel. Nicht nur die Haltung und das Beziehungsangebot der Trauerbegleitenden sind wichtig für die Trauerbegleitung, sondern auch die Gesprächsführung beziehungsweise das Zuhören.

## Stille

Gesprächspausen sind in der Selbsterfahrung enorm wichtig. Die Trauernden brauchen keine Antworten auf ihr Fragen, keine schnellen Lösungen für ihre Probleme und kein Wegreden (Übergehen) ihrer Gefühle. Sie brauchen Raum und Zeit, um zu fühlen, um nachzuspüren und zu verarbeiten. Pausen und Stille sind wichtig!

Nach einer Weile kann man manchmal folgende Beispielssätze formulieren:

- »Sie sind gerade so still, was beschäftigt Sie gerade?«
- »Was bedeutet die Stille gerade für Sie?«

## Zuhören

Es gibt kein »nur Zuhören« – zum Zuhören gehören viele Fähigkeiten: Wir beobachten die nonverbale Kommunikation des Gegenübers, wie beispielsweise die Ausdrucksweise über Gestik, Mimik und Tonfall. Das Zuhören bedeutet, präsent und ganz aufmerksam sein. Aktives Zuhören heißt, mitzugehen und zu zeigen: Ich bin da!

S O L A R – Akronym für aktives Zuhören:[18]

- **S**chaue die Trauernden direkt an.
- Nimm eine **o**ffene Körperhaltung ein.
- **L**ehne Dich zu den Trauernden hin.
- Suche **A**ugenkontakt.
- Versuche, **r**uhig und gelassen zu sitzen.[19]

## Auf Gefühlsäußerungen reagieren

Kommunikation transportiert stets auch Gefühl. Wir arbeiten in der Trauerbegleitung mit vielen Gefühlen. Worden beschreibt als zweite Aufgabe in der Trauerbewältigung, den Schmerz zu verarbeiten sowie Hilfestellung zu geben, Gefühle anzunehmen und auszudrücken.[20] Um den Emotionen Raum zu geben und auf die emotionalen Aussagen und

Hinweise zu reagieren, hat sich in der Praxis ein Modell für empathisches Antworten als hilfreich erwiesen.

NURSE – Akronym für Raum geben und Reaktion (adaptiert für die Trauerbegleitung nach Schnell und Schulz-Quach)[21]. Trauernde sagen: »Ich halte das alles einfach nicht mehr aus!«

- **N**ame/das Gefühl benennen: »Ich höre große Verzweiflung aus ihren Worten.«
- **U**nderstand/Verstehen: »Es muss für Sie unerträglich sein, diesen Trauerschmerz auszuhalten.«
- **R**espect/Respektieren: »Sie haben Ihre Situation bisher mit einer unglaublichen Stärke ertragen.«
- **S**upport/Unterstützen: »Wie auch immer der Weg weitergeht, unser Team wird da sein. Wir werden für Sie da sein.«
- **E**xplore/Vertiefen**:** »Erzählen Sie mir mehr. Ich möchte noch besser verstehen, was gerade mit Ihnen passiert. Können Sie mir genauer beschreiben, was Sie gerade so verzweifeln lässt?«

Mit dieser kommunikativen Vorgehensweise können Trauernde ihre Gefühle ausdrücken. Sie erhalten die »Erlaubnis«, den Schmerz, die Traurigkeit, die Verzweiflung etc. zu spüren und zu durchleben.[22]

## Gesprächsinhalte wiedergeben

»Verbunden mit der Haltung des ›Aktiven Zuhörens‹ ist die Technik des Wiederholens und Spiegelns eine wichtige kommunikative Hilfe. Dabei geht es um ein Wechselspiel von verständnisvollem Zuhören und der Wiedergabe des Verstandenen.«[23]

EINFACHE WIEDERGABE: Äußerungen der Trauernden werden wörtlich wiederholt. Die Wiederholung/Spiegelung erfolgt als Wiedergabe des Verstandenen, ohne Interpretation. **Merke:** Um wesentliche Aussagen der Trauernden zu erfassen, ist konzentriertes Zuhören nötig.

*Zweck:*
Wir lassen die Trauernden wissen, dass wir verstanden haben, was sie gesagt/gefühlt haben, und geben den Trauernden mit einem Stichwort zu verstehen, dass wir tiefer in ihre Erlebniswelt eintauchen und diese verstehen lernen möchten.

*Beispiel:*
Trauernde: »Ich kann es einfach nicht glauben. Das ist so unfair.«
Trauerbegleitende: »Das ist wirklich unfair.«

KOMPLEXE WIEDERGABE:

- Paraphrasieren: Die wesentlichen Aussagen der Trauernden werden erfasst und in eigenen Worten wiedergegeben, ohne den Gesprächsfluss zu stören.
- Mit Interpretation: Welche Bedeutungen oder Gefühle können damit zu tun haben?

*Zweck:*
Wenn Trauernde ihre Gefühle indirekt ausdrücken, dann helfen wir, diese besser zu erkennen, wahrzunehmen und auszudrücken.

*Beispiel:*
Trauernde: »Ich kann einfach nicht daran denken. Ich muss positiv bleiben.«
Trauerbegleitende: »Es ist sehr bedrohlich für Sie, über die Möglichkeit nachzudenken ...«
Trauernde: »Ja, ich habe so viel Wut in mir ...«[24]

Die Trauerbegleitenden halten die Stille und das Gefühl mit aus und bleiben bei den Trauernden. Wenn die Trauernden diesen Raum für sich erfahren, können sie aktiv ihr Erleben und Fühlen klären. Diese offene Auseinandersetzung mit sich und ihrem Erleben ist ein bedeutungsvoller Vorgang und fördert ihre seelische Gesundheit.[25] **Merke:** Auch auf Lautstärke und Betonung achten, emotionale Bedeutung in Aussagen aufgreifen, positive Wertschätzung zeigen.

## Im »Hier und Jetzt«, weil es bearbeitet werden kann

Das »Hier und Jetzt« verstehen wir als wichtigen Aspekt, denn es ist die Einbindung der Intuition in die Trauerbegleitung. Es ist eher eine Ermutigung beziehungsweise Erlaubnis, die eigene Intuition zu nutzen. In der Trauerbegleitung sprechen die Trauernden über ihren Verlust und über den Umgang mit sich und der Welt als Trauernde. Bestimmte Erfahrungen der Trauernden zeigen sich dort und Trauerbegleitende können auf diese Weise zentrale Hinweise für den Zugang zu deren Innenwelt finden. Hier ist die Wahrnehmung gefragt über das Gesprochene und das Nonverbale hinaus.

Analytikerinnen und Analytiker sprechen von »freischwebender Aufmerksamkeit«. Schon Freud schrieb: »Man halte alle bewussten Einwirkungen von seiner Merkfähigkeit ferne und überlasse sich völlig seinem ›unbewussten Gedächtnisse‹, oder rein technisch ausgedrückt: Man höre zu und kümmere sich nicht darum, ob man sich etwas merke.«[26]

Wir sprechen häufig auch von der Intuition als »Königin der Wahrnehmung«, da die Intuition sich aus Wissen, Erfahrungen, Beobachtungen sowie Einstellungen speist. Wenn sich aus der »freischwebenden Aufmerksamkeit« oder der Intuition ein Gedanke und/oder Gefühl einstellt, dann kann es gut sein, dass man diesem Impuls folgen kann. Die Intuition, die Wahrnehmung, das Denken und das Fühlen – diese vier Fähigkeiten ergeben ein Bild, das wir dem Gegenüber in diesem Augenblick anbieten können.

Die Kunst der Trauerbegleitung ist es, sich die Intuition oder den Gedanken der »freischwebenden Aufmerksamkeit« bewusst zu machen und zu erkennen. Manchmal gelingt es auch, den Gedanken direkt im Moment – im Hier und Jetzt – zu nutzen und dem Trauernden anzubieten. Dann ist es manchmal möglich, das zentrale Erleben des Verlustes und dessen Bedeutung für das weitere Leben des Trauernden in eine neue Richtung zu ermöglichen. Das erfordert von den Trauerbegleitenden eine hohe Präsenz- und Konzentrationsfähigkeit. Zusätzlich erfordert es Mut, dem Impuls zu folgen, weil eine Ungewissheit bleibt.

Dabei hilft auch das Wissen um die Übertragungs- und Gegenübertragungs-Phänomene.

(Fortsetzung auf Seite 26)

**IDENTIFIKATION:**

Ich bin wie die andere Person.

**Beispiel:**

Trauernde (Witwe) ist in meinem Alter, ich könnte sie sein.
Ich identifiziere mich voll und ganz mit der trauernden Person.

**Unbewusste Haltung:**

Ich zerfließe vor Mitleid und bin mit der Vorstellung von meinen eigenen Trauergefühlen beschäftigt. Ich möchte alles für die Trauernde regeln und werde dabei gleichzeitig arbeitsunfähig.

**Bewusste Haltung:**

Ich leide nicht mit, ich bin nicht die Trauernde, ich fühle mich sehr nah, es ist aber das Leid der anderen Person.

**ÜBERTRAGUNG:**

Ich übertrage Gefühle, die eigentlich jemand anderes gelten.

**Beispiel:**

Ich will als Trauer- begleitende bei der Trauernden etwas gutmachen (einreden, überzeugen), was ich in meiner Trauer- geschichte bei mir versäumt habe.

**Unbewusste Haltung:**

Ich sehe meine eigene Trauergeschichte und nicht die der mir gegenübersitzenden Trauernden.

**Bewusste Haltung:**

Das ist Frau X, ich bin froh, dass ich ihr beistehen kann.

## Übertragung und Gegenübertragung

**PROJEKTION:**
Was ich bei mir nicht wahrnehmen darf oder kann (Abwehr von Wünschen und Vorstellungen), sehe ich im Anderen.

**Beispiel:**
Trauernder erzählt die ganze Zeit nur von sich. Ich erlebe den Trauernden als sehr egoistisch und auf sich bezogen.

**Unbewusste Haltung:**
Das eigene Gefühl/Bedürfnis, vielleicht zur Ruhe zu kommen, wird nicht wahrgenommen und wir bezeichnen den Trauernden als egoistisch.

**Bewusste Haltung:**
Ich nehme mein eigenes Bedürfnis nach Ruhe wahr und plane für mich mehr Pausen ein.

**GEGENÜBERTRAGUNG:**
Ich reagiere auf feindselige oder freundlich zugewandte Übertragungen

**Beispiel:**
Ich werde als Trauerbegleitende von der Trauernden total abgelehnt, die Trauernde überträgt die Feindseligkeit, die ihrer Mutter galt, auf mich.

**Unbewusste Haltung:**
Ich reagiere als Trauerbegleitende oder Trauerbegleitender auch aggressiv.

**Bewusste Haltung:**
Ich kann gelassen bleiben.

## Übertragung und Gegenübertragung

»Übertragung stellt sich in allen menschlichen Beziehungen spontan her.« So beschreibt Sigmund Freud (1856–1939), Neurologe, Psychiater, Tiefenpsychologe und Begründer der Psychoanalyse, die psychodynamischen Prozesse, die in der Begleitung von Menschen ausgelöst werden können.[27]

Zum besseren Verständnis der psychodynamischen Prozesse geben wir in der Grafik (s. S. 24) die Begriffe mit entsprechenden Beispielen aus der Trauerbegleitung an.

Das Bewusstmachen der eigenen Gefühle des Trauerbegleiters setzt eine hohe Selbstreflexion voraus. Bei sich zu bleiben, das »Nettogefühl« zu spüren und als Hier-und-Jetzt-Beziehung anzubieten, ist sozusagen die Kür in der Trauerbegleitung. Die Gegenübertragungen geben mit negativ besetzten Gefühlen wie beispielsweise der Verunsicherung oder Aggression eine Chance, durch die wertschätzende und akzeptierende Haltung der Trauerbegleitenden mit den abgewehrten und unbewussten Gefühlen zu arbeiten. Trauernde können lernen, ihre Gefühle auszudrücken, sie zu integrieren und sich selbst besser kennenzulernen.

Mit diesen ersten Überlegungen sind die Trauerbegleitenden gleichzeitig »Methode« in der Beziehungsgestaltung für die Trauerbegleitung.

# Trauer als Anpassungsprozess

Rogers Persönlichkeitstheorie lautet: »Der Mensch wird das, was er ist […].«[28] Mit dieser hoffnungsgebenden Haltung gibt Rogers zu verstehen, dass uns unbewusst eine Kraft innewohnt, schwere Krisen zu überstehen. Das Gedicht »Bitte« von Hilde Domin (s. S. 28) drückt diese Handlungsmöglichkeit – dass Menschen die Fähigkeit besitzen, konstruktiv mit allen Aspekten ihres Lebens fertigzuwerden – kreativ aus.

## Warum Trauernde Unterstützung suchen

Wenn wir einen geliebten Menschen verlieren, dann verlieren wir ein Stück von uns selbst. »Man tritt in einen Prozess ein, in dem ein durcheinandergeworfenes Puzzle mit fehlenden Teilen wieder zusammengesetzt werden muss, um am Ende ein sinngebendes Bild zu erkennen.«[29] Bis wieder alle Puzzlestücke passen, ist eine prozesshafte Auseinandersetzung mit dem Verlust notwendig. Dies ist eine Anpassungsleistung mit den unterschiedlichen Formen der Puzzlestücke, bis alles wieder in ein (neues) Bild passt – eines, das den Verlust integriert hat. Das heißt, Trauern ist eine großartige Anpassungsleistung zu der wir Menschen fähig sind, die uns dennoch herausfordert und manchmal überfordert.

## Bitte

Wir werden eingetaucht
und mit dem Wasser der Sintflut gewaschen
wir werden durchnässt
bis auf die Herzhaut
der Wunsch nach der Landschaft
diesseits der Tränengrenze
taugt nicht
der Wunsch den Blütenfrühling zu halten
der Wunsch verschont zu bleiben
taugt nicht
es taugt die Bitte
dass bei Sonnenaufgang die Taube
den Zweig vom Ölbaum bringe
dass die Frucht so bunt wie die Blüte sei
dass noch die Blätter der Rose am Boden
eine leuchtende Krone bilden
und dass wir aus der Flut
dass wir aus der Löwengrube und dem
feurigen Ofen
immer versehrter und immer heiler
stets von neuem
zu uns selbst
entlassen werden.[30]

Hilde Domin

# Trauer als Stress

Der Tod eines Kindes ist eines der größten traumatischen Lebensereignisse, das Auswirkungen auf die mentale und physische Gesundheit der Eltern hat.[31] Viele Eltern berichten rückblickend, dass der Tod ihres Kindes eines der schlimmsten und stressigsten Lebensereignisse war. 2020 berichten Song und Mitarbeitende in ihrer Studie »Mortality in parents after the death of a child« von einer um 32 Prozent höheren Mortalitätsrate bei trauernden als bei nicht-trauernden Eltern.[32] Sie geben zudem einen signifikant hohen Anteil am Versterben durch Herzerkrankungen an.

Tatsächlich gibt es in der Trauer die Krankheit des gebrochenen Herzens, das »Broken heart syndrome«. Die Stresshormone Adrenalin und Noradrenalin lösen bei großem emotionalem Stress diese Symptome aus, ohne die bei einem Herzinfarkt beobachtete Veränderung des Herzmuskels und der Herzkranzgefäße. Zudem kann sich hoher, langanhaltender Stress tatsächlich auf die Gesundheit auswirken. Probleme mit dem Verdauungssystem, Magengeschwüre, Haut- oder Herz-Kreislauf-Erkrankungen können durch Stress entstehen und auch die Psyche kann erkranken. Deshalb sind Trauerarbeit und Trauerbegleitung auch eine wichtige Gesundheitsprävention.

## Körperliche Stressreaktion

Wir wissen, wie Stress im Körper ausgelöst wird: Die Amygdala im Zentralhirn aktiviert die Stressreaktion bei Bedrohung des Organismus von außen und löst Flucht- oder Kampfbereitschaft (»fight or flight«) aus. Der Hypothalamus steuert die Hormonfreisetzung. Adrenalin, Noradrenalin und Cortisol werden ausgeschüttet und der gesamte Organismus in Alarmbereitschaft versetzt. Bei langanhaltender Stressbelastung kann der Körper Entspannung und Anspannung nicht mehr im Geichgewicht halten (Homöostase). Die Überflutung durch Stresshormone kann auf lange Sicht Immunschwäche und daraus folgende Erkrankungen begünstigen.[33]

## Psychologische Stressreaktion

Stress ist das, was die Person als solchen wahrnimmt. Nach dem Transaktionalen Stressmodell nach Lazarus und Folkmannen entsteht Stress durch die subjektive Bewertung des Einzelnen.[34] Das Stressempfinden umfasst die belastende Situation, die Reaktion darauf und das Bewältigungsverhalten (Coping). Das Stress-Erleben kann als bedrohlich, schädigend und herausfordernd erfahren werden. Stress entsteht, wenn die wahrgenommene (kritische) Situationsanforderung nach Einschätzung der betroffenen Person größer ist als die verfügbaren und wahrgenommenen eigenen Bewältigungsressourcen.

**DIE KOGNITIVE SITUATIONSBEWERTUNG** teilt sich auf in

- äußere Anforderungen: problemlösungsorientiert;
- innere Anforderungen: emotionsorientiert (welche Gefühle werden erlebt und wie verarbeitet man sie).

Das Verhalten bei der Stressbewältigung hängt auch von der Aktivierung von Ressourcen ab.

**DIESES VERHALTEN** teilt sich auf in

- äußere Ressourcen: beispielsweise, wie das soziale Netz aktiviert wird;
- innere Ressourcen: personale, wie beispielsweise Natur, Sport, Zuversicht, Hoffnung, Glaube, Sinn etc.[35]

Als Folge ist wichtig zu erkennen, dass es das eine ist, seine Ressourcen zu kennen, und das andere, sie zu nutzen! Nur wenn Ressourcen als nicht ausreichend bewertet werden, wird eine Stressreaktion ausgelöst.[36]

**ZUR RESSOURCENAKTIVIERUNG** kann man als Trauerbegleitende folgenden Fragen formulieren:

- »Was hat Ihnen früher Freude gemacht?«
- »Mit welchen Menschen sind Sie gerne zusammen?«
- »Was hat Ihnen früher Kraft gegeben?«
- »Was tut Ihnen momentan gut?«

# Stressbewältigung – Coping

Die Bewältigung von vielfältigen und unterschiedlichen Belastungen nennt sich auch Coping. Coping umfasst alle Versuche, die Menschen bei bereits bestehenden oder zu erwarteten Belastungen unternehmen, um diese aufzufangen, auszugleichen und zu bewältigen. Die Coping-Strategien können auf einer gedanklichen und emotionalen Verarbeitung sowie auf zielgerichtetem Verhalten basieren.

»Trauer-Coping« ist ein dynamischer Prozess, der im Verarbeitungsprozess wie ein Pendel hin- und herschwingen kann.

**WENN DAS PENDEL IN DER MITTE ZUR RUHE KOMMT:** Nach einem Hin- und Herschwingen in unterschiedlicher Dynamik über einen längeren Zeitraum kann es bedeuten, dass eine Balance gelungen ist und das Schicksal (Verlust durch Tod) integriert werden konnte.

## Das Trauerpendel

Hier schwingen die Hoffnungen, die sich wahrscheinlich nicht erfüllen werden.

*»Alles ist ein böser Traum, aus dem ich aufwache und es ist alles wieder gut.«*

Sinn: Verdrängung dient als Schutz und Schmerz-Pause (Verlustorientiert)

Hier schwingen die Hoffnungen, die sich mit größter Wahrscheinlichkeit erfüllen werden.

*»Ich weiß, der geliebte Mensch ist verstorben und ich weiß, ich will wieder ins Leben und ich weiß, dass es mir gelingt … und es bleibt schwer.«*

Sinn: Schrittweise Anpassung an die neuen Lebensumstände (Wiederherstellungsorientiert)

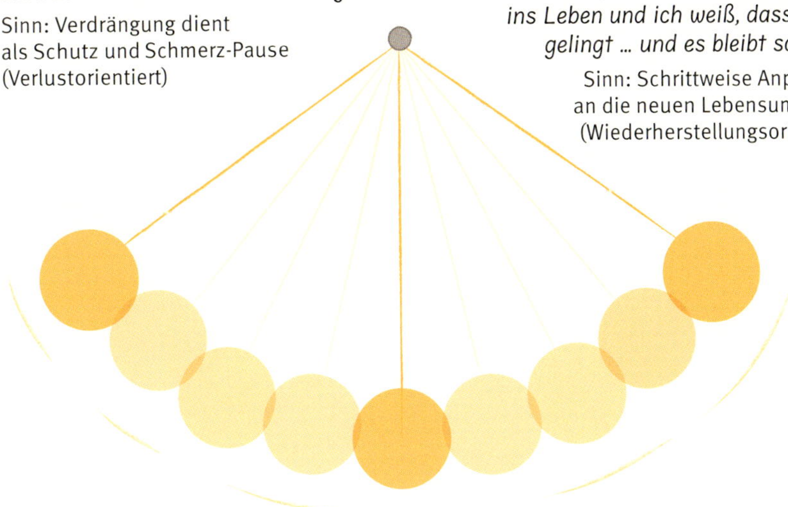

Basierend auf Jackson et al. 2013

Tatsächlich ist dies ein Zur-Ruhe-Kommen, ein realistisches Annehmen des neuen Lebens unter den veränderten Bedingungen.

Kommt es nicht zum Pendeln oder endet das Pendeln sehr bald, erscheint es wie ein Erstarren, es findet weder das Leugnen und Auflehnen gegen das Schicksal statt noch das Streben nach einem guten Weiterleben. Der Mensch funktioniert mechanisch und ist wie eingefroren. Kurz nach dem Tod eines nahestehenden Menschen tritt dieser Zustand bei den meisten ein. Danach sollte er ins Pendeln kommen.

Geschieht dies nicht und die Trauernden bleiben in dieser Erstarrung, mögen sie zunächst im Außen als stabil angesehen werden – als Trauernde, die gut zurechtkommen. Es besteht aber die Gefahr, dass sich im Laufe der Zeit negative Folgewirkungen zeigen. Durch die Trauer zu gehen bedeutet, psychisch flexibel zu bleiben.

In der Trauerbegleitung kann man auf der rechten Seite des Pendels spüren, dass der (Über-)Lebenswille stark ist. Auf der linken Seite des Pendels dominiert das Nicht-wahrhaben-Wollen der Situation, die schmerzhaft ist. Zwischen den beiden Polen herrscht eine Ambivalenz, ein »Sowohl-als-auch«, und beides darf sein und gespürt werden.

Hilfreich im Gespräch ist das Aufzeigen dieser Bewegung des Pendels als Geste. Dabei wird sichtbar, wie anstrengend der Prozess des Hin- und Herschwingens und der weiten Ausschläge ist.

## Resilienz

Das Faszinierendste an Resilienz ist die Tatsache, wie robust Menschen sind, auch wenn sie Verluste und Traumata erlitten haben. Resilienz (Widerstandsfähigkeit) ist die allgemeine Fähigkeit, auch sehr belastende, erschöpfende, enttäuschende oder traumatische Lebenssituationen angemessen zu bewältigen. Aus der Resilienzforschung wissen wir, dass wir nicht voraussagen können, wie der Mensch mit dem Stress in der Situation umgehen wird.

Resilienz wird als Ergebnis eines dynamischen Prozesses gesehen, der sich in der Herausforderung entwickelt. Tatsächlich sind noch mehr Langzeitstudien über Resilienz notwendig. Wir können jedoch nachvollziehen, dass eine positive Lebenseinstellung, Freude und Optimismus – die Erwartung, dass gute Dinge passieren – sich auf die physische wie psychische Gesundheit auswirken können. Beispielsweise kann ein gesunder Optimismus physiologische Regulationen im Körper unterstützen.

Untersucht haben dies in einer Langzeitstudie James und Mitarbeitende. Eine positive Lebenseinstellung unterstützt uns dabei, die Emotionen und das Verhalten besser zu verstehen und zu verarbeiten.[37] Dies könnte sich wiederum auf das dynamische Resilienz-Verhalten in schwierigen Lebenssituationen auswirken. Die Salutogenese von Antonovsky gibt uns Hinweise für weitere Faktoren der Resilienz.

## Salutogenese

Bedauerliche Dinge geschehen nun einmal im Leben, aber wenn sie dann auftreten, wird man mit ihnen umgehen können und nicht endlos trauern.[38]

Aaron Antonovsky (1923–1994), Soziologe, veröffentlichte 1979 das Buch »Health, Stress and Coping«. Er ging der Frage nach, welche Faktoren es bei kritischen Lebensereignissen Menschen ermöglichen, trotzdem relativ gesund zu bleiben, und was uns gesund erhält. In seinen Forschungen veranschaulicht er in seinem Modell der Salutogenese die Identifikation von Ressourcen und protektiven Faktoren, die ausschlaggebend für die Widerstandsfähigkeit ist:

**VERSTEHBARKEIT:** »Die Welt ist verständlich, stimmig und geordnet.« Die Fähigkeit, die Zusammenhänge des eigenen Lebens verstehen zu lernen, zumindest so, dass Ereignisse eingeordnet und erklärt werden können.

In der Trauerbegleitung bedeutet Verstehbarkeit: erzählen lassen, um die neue Lebenssituation verstehen lernen zu können. Erzählen und erinnern, was war. Und auch erzählen, um zu verstehen, wer ich gerade bin, was in mir und mit mir geschieht.

**HANDHABBARKEIT:** »Das Leben stellt mir Aufgaben, die ich lösen kann.« Die Überzeugung, das eigene Leben gestalten zu können und mit kritischen Ereignissen mit seinen zur Verfügung stehenden Ressourcen umgehen lernen zu können (Selbstwirksamkeit).

In der Trauerbegleitung bedeutet Handhabbarkeit: Wenn ich das Schicksal nicht in der Hand halte, was dann? In der Trauerbegleitung geht es auch darum, dass die Trauernden sich wieder als *handlungsfähig* erleben. Trauerbegleitung kann darin unterstützen, den Trauernden ihre Handlungsfähigkeit aufzuzeigen und bewusst zu machen, was sie bereits geschafft haben und täglich schaffen. Vielleicht können Trauernde neue Qualitäten des Erlebens bei sich entdecken und neue Lebensmöglichkeiten erproben. Hier können Rituale (s. S. 141) hilfreich sein, weil Trauernde damit in ein Tun kommen und heraus aus der Erstarrung.

**SINNHAFTIGKEIT (BEDEUTSAMKEIT):** »Für meine Lebensführung ist jede Anstrengung sinnvoll«, das heißt: »Was ich mache, braucht ein Warum.«[39] Gemeint ist damit das Ausmaß, in dem man das Leben emotional als sinnvoll empfindet.

In der Trauerbegleitung tauchen hier Warum-Fragen auf: »Warum geschieht mir das?«, »Warum muss ich so viel Leid ertragen.« Aber auch spirituelle Fragen »Wie kann ein Gott das zulassen?«. Und so geht es evtl. auch um die Suche nach einem neuen Weltbild, einem neuen Verständnis dessen, was Leben für mich jetzt ist, nach dem Verlust.

Alle drei Aspekte – Verstehbarkeit, Handhabbarkeit und Sinnhaftigkeit – führen zu einem Kohärenzgefühl. Kohärenz ist die Fähigkeit, die Zusammenhänge des Lebens zu verstehen. Es ist ein tiefsitzendes Gefühl der Lebensorientierung, eine Gewissheit meines Platzes, den ich in der Welt habe. Es ist das Gefühl, in Verbindung zu sein und Verbundenheit mit anderen zu spüren.

## Fallbeispiel Frau S.

*Frau S. kam in die Trauergruppe, weil sie um ihren Vater trauerte. Sie schätze sich selbst wenig emotional ein, sie sei kein Gruppenmensch, eher nüchtern und gerne für sich. Dennoch wolle sie es einmal mit dieser Gruppe versuchen. An allen acht Treffen nahm sie regelmäßig teil.*

*Beim letzten Gruppentreffen sagte sie sehr bewegt, dass sie in dieser Gruppe das Gefühl gehabt habe, verbunden zu sein, dazuzugehören. Sie habe den Eindruck bekommen, es sei okay, wie sie sei, wie sie ihren Trauerweg gehe, und dass sie sich so ganz angenommen fühle. Für Frau S. war das eine wesentliche und heilsame Erfahrung, für die sie sehr dankbar war.*

In der Trauerbegleitung bedeutet das Kohärenzerleben: Wo gehöre ich jetzt hin? Trauernde fühlen sich nicht selten als »Aliens«, Fremdkörper in dieser Gesellschaft. Trauergruppen beispielsweise lassen ein Gefühl von Gemeinschaft und Verbundenheit erleben: Da sind andere, die sich genauso fühlen und erleben, ich bin nicht allein. Das Suchen nach dem neuen Platz in der Gesellschaft ist ganz normal.[40]

## Der Hoffnungsaspekt

Hoffnung ist eine essenzielle menschliche Erfahrung. Sie zeigt sich auf eine bestimmte Art des Fühlens, des Denkens und des Verhaltens, im Umgang mit sich selbst und der Welt. Hoffnung ist die Kraft für die Erreichung bestimmter Ziele. Hoffnung ist veränderlich. Sie kann weiterbestehen, obwohl das erhoffte Objekt ausbleibt.

Wir haben in uns eine Willenskraft (»agency«), um uns in die bestimmte Richtung der Hoffnung zu bewegen und eine Stärke, um den Weg zu gehen (»pathways«).[41] Die Realität des Lebens mit dem Verlust anzuerkennen und zu hoffen – wie kann das gehen? Hoffnung ist die Kraft, die Realität zu überschreiten. Die Fähigkeit zu hoffen ist nicht angeboren und stützt sich auf Bindungs- bzw. Beziehungserfahrung.[42] In der Trauer fehlt das Gefühl des Umsorgtseins und das Gefühl, in sicheren Händen zu sein, da das Schicksal das Gefühl von Sicherheit geraubt hat.

Als Trauerbegleitende können wir durch das Beziehungsangebot die Hoffnung als ein zwischenmenschliches Geschehen langsam wiederaufbauen. In Krisenzeiten kann in einer Einzelbegleitung und/oder mit der Trauergruppe ein Ort der Geborgenheit geschaffen werden. Damit kann das Bindungssystem beruhigt und der Raum für Hoffnung kann eröffnet werden. Denn wiederum Hoffnung motiviert uns zum Handeln.

# Bindungstheorie

Bindung ist das gefühlsgetragene Band, das eine Person zu einer anderen spezifischen Person knüpft und das beide über Raum und Zeit miteinander verbindet.[43]

## Verlustbewältigung, Stärke der Bindungserfahrung

Die klassische Bindungstheorie nach dem Bindungsforscher John Bowlby (1907–1990), Kinderarzt, Kinderpsychiater und Psychoanalytiker, ist ein verhaltenstheoretisches Modell zur Erklärung von Bindungsverhalten. Die Bindungstheorie beobachtet Reaktionen von Trennung und Verlust und die Anpassung an die schmerzlichen Ereignisse. Sie beruht auf Beobachtungen im Kleinkindalter.

Frühe Bindungserfahrungen werden bei Abschieden und Verlusten immer wieder aktiviert. Neurophysiologische Untersuchungen weisen darauf hin, dass die Bindungserfahrungen im unbewussten Teil des Gedächtnisses abgespeichert werden und sich auf das Erleben und Verhalten des Menschen auswirken können, ohne dabei ins Bewusstsein zu treten. Die erlebten Bindungsmuster und die dazugehörigen Stressverarbeitungssysteme können zu einer höheren Verletzlichkeit durch physische und psychosoziale Belastungen führen.[44]

Von dieser Annahme ausgehend können wir in der Trauerbegleitung darauf schließen, wie Trauernde möglicherweise unterstützt werden können. Mikulincer und Shaver unterstreichen die Wichtigkeit der Bindungstheorie für die emotionale Reaktion auf Verlust und Trauer und deren Bewältigung in der Trauerbegleitung. In ihrem Artikel »An attachment perspective on loss and grief« sammelten sie Forschungsergebnisse zu bindungsbezogenen individuellen Unterschieden in der Reaktion auf Trennung und Verlust.[45]

Wir können beispielsweise davon ausgehen, dass trauernde Menschen mit einem sicherem Bindungsmuster in der Lage sind, in Krisen leichter um Hilfe zu bitten. Auch kann es ihnen besser möglich sein, ihre Gefühle wahrzunehmen und kohärent auszudrücken. Haben trauernde Menschen ein unsicheres Bindungsmuster, können wir eventuell davon ausgehen, dass weniger Bewältigungsmöglichkeiten vorhanden sind und sie ihre Bedürfnisse nicht kohärent ausdrücken können – beispielsweise: die Lösung von Problemen eher alleine auszuhandeln, stärkerer Rückzug aus gemeinschaftlichen Aktivitäten, größere Rigidität im Denken und Handeln. Die Erfahrungen dieser Menschen von Zurückweisung und wenig Wertschätzung kann im Erleben zu mehr Wut und Enttäuschung, Abwertung oder auch Idealisierung der Beziehung zum Verstorbenen führen.

Für die Trauerbegleitung kann das bedeuten, dass hier besonders wichtig ist, eine tragbare und sichere Beziehung aufzubauen, da die erlernten Bindungsmuster anpassungsfähig sind.[46]

## Neurobiologische Faktoren

Die Trauerphänomene lassen sich gut mit den bereits erwähnten Stressmodellen und der Bindungstheorie erklären. Zusätzlich geben uns neurobiologische Faktoren Aufschluss darüber, wie Verluste verarbeitet werden. Unkontrollierbarer Stress hat negative Auswirkungen auf die Hirnregion, die die höhere Kognition steuert und für die Top-down-Kontrolle von Denken, Handeln und Emotionen sorgt.

### Trauern als Form des Lernens

In unseren Seminaren führen wir eine Übung durch, durch die ein Lernprozess des Trauerns stattfinden kann (Übung, s. S. 38).

Was lehrt uns diese Übung? Der Wegfall oder Verlust der dominanten Hand bedeutet einen Wechsel, dem man sich langsam anpasst. Dafür sind viel Übung, Zeit und Energie erforderlich.

Diese Erfahrung können wir auf den Trauerprozess übertragen. Trauern kann eine Form des Lernens sein. Den Umgang mit dem Verlust zu lernen, aktualisiert die neuronale Kodierung. Hierfür sind eine passende Lernumgebung, Zeit sowie entsprechendes Erfahrungs-Feedback (Trauergruppe; Trauergespräche etc.) notwendig.

Es kann davon ausgegangen werden, dass ...

- sich die neuronale Kodierung der (frühen) Bindungserfahrung im Trennungsstress abbildet;
- Bindungsmuster existieren und anpassungsfähig sind;
- Trauer die Aktualisierung des gemeinsamen Lebens in der ständigen Abwesenheit des geliebten Menschen erfordert;
- Schwierigkeiten vor dem Verlust, wie z.B. Abhängigkeit vom Ehepartner oder ein bereits veränderter Hippocampus, das Lernen verlängern und eventuell eine verlängerte Trauerreaktion vorhersagen können. Komplikationen wie Vermeidung, »Wiederkäuen« von Situationen und stressinduzierte Hippocampus-Atrophie können sich auch nach einem Verlust entwickeln und funktionelle oder strukturelle Mechanismen schaffen, die den Trauerprozess negativ beeinflussen können.[47]

## Übung: Trauern als Lernprozess

Die Teilnehmenden sollen Namen und Adresse mit ihrer nicht-dominanten Hand aufschreiben. Die Ergebnisse werden der Runde gezeigt. Wir stellen gemeinsam fest, dass die Schrift meistens größer als normalerweise ist und nicht »ihrer« Handschrift entspricht. Sie ist weniger fein, schwer lesbar und krakeliger. Wie hat es sich angefühlt, mit der nicht-dominanten Hand zu schreiben? Einige werden nicht nur sagen, dies sei »ungewohnt« oder »verkrampft«, sondern auch über das Gefühl des Kontrollverlusts berichten. Dann fragen wir in die Runde, wie es sich wohl mit mehr Übung und in einigen Wochen anfühlen wird. Die Teilnehmer vermuten, es werde angenehmer werden und besser gehen, bleibe aber trotzdem anders.

# Posttraumatisches Wachstum

Mit seinem Buch »Die andere Seite der Trauer« hat der Trauerforscher George Bonanno unsere Sicht auf Verlust, Trauma und Trauer neue Erkenntnisse erweitert. Auf Grundlage wissenschaftlicher Studien zeigt er auf, dass Menschen aufs Überleben programmiert sind. »Nicht jeder kommt gut zurecht, aber die meisten von uns schon. Wir passen uns an, wir wechseln die Gangart, wir lächeln und lachen, wir tun, was nötig ist, wir schwelgen in Erinnerungen, wir reden uns ein, es sei nicht alles so schlimm wie vermutet, und noch ehe wir uns versehen, ist das einst trostlos und unfassbar Scheinende entschwunden; das Dunkel lichtet sich, und die Sonne bricht wieder hinter den Wolken hervor.«[48]

> **You know, growing up is painful.**[49]
>
> Carl Rogers

Er bezieht sich dabei auf »drei aufeinanderfolgende Kernkompetenzen: die Sensibilität für den situativen Kontext, die Fähigkeit, ein vielfältiges Repertoire an Regulierungsstrategien zu nutzen, sowie die Fähigkeit, Rückmeldung über die Wirksamkeit einer gewählten Bewältigungsstrategie zu überwachen und die Regulierung nach Bedarf aufrechtzuerhalten oder anzupassen«.[50] Damit möchte er der Stigmatisierung von Trauernden und Trauer als psychische Erkrankungen entgegenwirken. Trauern ist normal und hat seine Berechtigung für die Bewältigung eines Verlustes!

> **Das Leben hat einen Sinn und behält ihn unter allen Umständen auch im Leiden.**[51]
>
> Viktor Frankl

Die Idee des posttraumatischen Wachstums ist nicht neu. Viktor Frankl (1905–1997), Neurologe und Psychiater sowie Begründer der Logotherapie und Existenzanalyse, hat in seinem Buch von 1946 »… trotzdem Ja zum Leben sagen« seine Erfahrungen im Konzentrationslager geschildert. Er vertrat die Auffassung, dass das Wiedererlangen eines als sinn- und wertvoll empfundenen Lebens auch nach schwersten Schicksalsschlägen möglich ist. In seinem Ansatz aktiviert er den Willen des Menschen zur Sinnorientierung und Neuorganisation des Erlebten mit Selbsttranszendenz und Selbstdistanzierung. Humor kann beispielsweise ein wunderbares Werkzeug für die Selbstdistanzierung sein.

Viele neuere Forschungen untermauern Frankls Haltung und sprechen vom posttraumatischen Wachstum (posttraumatic growth – PTG). Dieser Begriff wurde in den 1990er-Jahren von Tedeschi & Calhoun geprägt. Sie beschreiben folgende psychische Ressourcen, die für posttraumatisches Wachstum stehen: Beziehungen bzw. Bindung zu anderen Menschen, persönliche Stärke, Wertschätzung dem Leben gegenüber, neue Möglichkeiten, spirituelle und existenzielle Reifung oder Tiefe. Ebenfalls haben kulturelle Hintergründe, in Bezug auf Kommunikation und geteilte Erfahrungen, Einfluss auf das posttraumatische Wachstum.[52]

## Beziehungen bzw. Bindungen zu anderen Menschen

Überlebende von traumatischen Ereignissen berichten über tiefere emotionale Qualität ihrer Beziehungen, über mehr Offenheit, Erfüllung und mehr gegenseitigen Respekt in Beziehungen nach den jeweils erlebten traumatischen Erfahrungen. Empathie und Mitgefühl erleben viele Trauernde beispielsweise von Trauerbegleitenden. Das Forscherduo spricht von einer »Experten-Kameradschaft«, die hilfreich für die Verarbeitung von traumatischen Erlebnissen sein und die die Rolle der Trauerbegleitenden ausfüllen könnten.[53]

## Persönlichkeit/persönliche Stärke

Wenn Menschen schlimmste und schwierigste Schicksalsschläge erleben und es schaffen, diese zu überleben, dann sind sie meistens selbst von ihrer eigenen Stärke überrascht. Sie kommen dann zu dem Schluss, sich mehr als Überlebende und weniger als Opfer zu sehen. Sie bemerken, dass sie sich selbstsicherer und mutiger neuen Herausforderungen stellen können, mit der Gewissheit, sich auch allem anderen selbstbewusst entgegenstellen zu können, nachdem sie diesen Schicksalsschlag überlebt haben.[54]

## Wertschätzung für das Leben

Dieses Feld des posttraumatischen Wachstumes beinhaltet die Perspektive der tiefempfundenen Dankbarkeit für das Leben und der Fähigkeit, im Leben nichts als gegeben zu sehen.[55]

Für Trauernde eine echte Herausforderung, haben sie doch damit zu kämpfen, dass sie das Leben als so ungerecht empfinden. »Warum sterben denn die Guten, und die Bösen überleben?«, »Warum musste er so leiden, er war doch immer ein guter Mensch?«, »Es ist doch nicht gerecht, wenn die Kinder vor den Eltern sterben!«, »Warum muss ich so viel Leid ertragen, das ist doch nicht gerecht!«

»Gerecht« – dahinter verbergen sich sehr individuelle Wertvorstellungen. Vielleicht, dass das Leid auf alle Menschen gleichermaßen verteilt sein sollte oder dass es eine natürliche Ordnung geben müsse, wonach Menschen erst sterben, wenn sie alt sind. Aber wie alt? Oder auch, dass ein gutes, gesundes, bewusstes, fleißiges Leben belohnt werden müsse und nicht zu früh enden dürfe.

**Das Gelassenheitsgebet**

**Gott, gib mir die Gelassenheit,**
**Dinge hinzunehmen, die ich nicht ändern kann,**
**den Mut, Dinge zu ändern, die ich ändern kann,**
**und die Weisheit, das eine vom anderen zu unterscheiden.**[56]

Reinhold Niebuhr (1892–1971), Theologe und Philosoph

# Übung: »Es fiel aus meiner Hand« – Verlusterfahrungen betrachten[57]

**Ziel der Übung:**

- Erfahren, dass auch aus Verlusten etwas wachsen und entstehen kann. Die für die Übung gewählte Verlusterfahrung sollte schon einige Jahre zurückliegen.
- Trauerzeit/Trauererleben sichtbar und besprechbar machen.

**Material:** Papier (DIN A3), Stifte

**Dauer:** 15–20 Minuten Einzelarbeit, 2–30 Minuten Partnertausch, danach Plenum

**Ablauf:**

- Alle erhalten die Aufgabe, einen Namen oder einen Begriff von jemandem oder etwas aufzuschreiben, der/das ihnen verloren ging bzw. aus den Händen glitt (Lebenspartner, Arbeitsplatz, Gesundheit …). Dieser Name oder Begriff wird umkreist.
- Aus diesem Kreis werden »Finger« (Striche) gezeichnet, die wiederum am Ende mit einem Kreis und einem Begriff darin versehen werden, der aus dem ersten entstanden ist oder dazu passt.
- Danach werden zwei bis drei der »Fingerbegriffe« ausgewählt und aus ihnen wieder jeweils vier bis fünf weitere Begriffe entfaltet.
- Die Teilnehmenden werden ermuntert, schnell und spontan zu arbeiten und ihrer Intuition zu vertrauen.

**Auswertungsfragen:**

- Wie verzweigt sieht das Trauerleben aus?
- Was ist aus dem Verlust an weiteren Belastungen oder neuen Möglichkeiten erwachsen?
- Gibt es gewisse Endpunkte/Knotenpunkte, die weiter zu verfolgen sind?
- Wo ist ein Schwerpunkt?
- Was wurde nicht weitergeführt?

Zum Abschluss der Übung sammeln wir im Plenum Begriffe auf einer Flipchart (siehe unten).

Jedes Mal, wenn wir die Übung durchführen, erleben wir eine tiefe Verbindung und Auseinandersetzung mit dem erlebten Verlust, aber wir erleben auch Mut und Hoffnung. Daraus entsteht ein starkes Gefühl der Kohärenz mit uns selbst und unserem Leben wie auch in der Gruppe.

## Übung zur Verlusterfahrung – »Es fiel aus meiner Hand«

In unserem individuell-menschlichen Sinne ist das Leben wohl nicht gerecht. Zu lernen, dass es diese Art von Gerechtigkeit nicht gibt, heißt auch zu akzeptieren, dass die eigene Macht und Einflussnahme Grenzen hat, dass es Dinge gibt im Leben, die ich nicht verstehe und nicht gut finde, die mich ärgern und die ich doch nicht ändern kann. Die Lernaufgabe ist, sich mit einer unbefriedigenden Realität auszusöhnen oder sie zumindest hinzunehmen, um die eigene Energie wieder auf das richten zu können, was beeinflussbar ist. Hier drängt sich das Gelassenheitsgebet von Reinhold Niebuhr (s. S. 41) geradezu auf. Wenn dieses Aussöhnen und Akzeptieren gelingt, kann ein neues Vertrauen ins Leben entstehen. Die Erfahrung, dass ich so schwere Zeiten bewältigen kann, lässt das Selbstvertrauen wachsen, auch künftig mit den Unwägbarkeiten des Lebens zurechtzukommen.

Trauerbegleitende können diese oben genannten psychischen Prozesse mit all ihrem Wissen unterstützen und tatsächlich können wir Erfahrungen beobachten, die nach Jahren eines bedeutenden Verlustes folgen. Viele Menschen berichten im Rückblick über ihre persönliche Weiterentwicklung und ihr Wachstum nach einem Verlust.

# Trauer erleben – oder: Wie wird getrauert?

Das Wichtigste ist, sich einzugestehen, das Trauern sich nur durch Trauern verändern kann. Trauern heißt, sich einem Wechselbad der Gefühle hinzugeben, die sich sehr schnell in Dauer und Intensität verändern. Das ist anstrengend und macht kraftlos. Ein einfacher Weg ist scheinbar das Verdrängen oder eine Verschiebung der Trauergefühle. Tatsächlich wird dieser auf lange Sicht mehr zu einem sehr steinigen Weg.

> **Die Antwort heißt Trauern.**[58]
>
> W. Pisarski

## Trauer ist eine Lebenskrise

»Trauer ist die normale Reaktion auf einen bedeutenden Verlust.«[59] Trauer ist die emotionale Antwort auf einen schmerzlichen Verlust, die sich mit der Summe aller Reaktionen auf den somatischen, emotionalen, kognitiven und sozialen Aspekt des Menschseins auswirkt.

Wir trauern also »ganzheitlich«. Wir beobachten, dass jeder Mensch auf seine eigene Weise trauert und dass Trauer weder geordnet – nach Stadien oder Phasen – abläuft noch vorhersehbar ist. Häufig wird beobachtet, dass Trauer zyklisch, beispielsweise in Wellen, verläuft. Trauer ist ein aktiver Anpassungsprozess, der Zeit, Kraft, Anstrengung und Geduld kostet.

Trauer ist so verschieden wie unsere individuellen Lebensläufe. Die Auswirkungen eines Verlustes und die damit verbundenen Verhaltensweisen und Emotionen werden mit unterschiedlichen Theorien aus der Psychologie, beispielsweise der Psychoanalyse, der Bindungstheorie nach Bowlby (s. S. 36) oder der Kognitiven Stressbewertung (s. S. 59) etc. beschrieben.

Abhängig von der jeweiligen psychologischen Schulungsrichtung sind die folgenden Kernthesen Freuds bis heute anerkannt und werden hier nach Lammer zitiert:

- »Trauer hat eine positive und notwendige psychische Funktion.
- Gegen die Trauerarbeit bestehen oft erhebliche Widerstände (›Schmerzunlust‹). Die Nicht-Bearbeitung der Trauer bzw. die Störung der Trauerarbeit kann aber pathogene Folgen haben, d. h. zu Erkrankungen führen.
- Die bewusste Wahrnehmung bzw. Realisierung des erlittenen Verlustes und die Trauerarbeit, d. h. das bewusste Durchleben und Durchleiden des Verlustes, sind Voraussetzungen einer gelingenden Trauerbewältigung.
- Der Trauerverlauf ist maßgeblich von psychodynamischen Vorgängen bestimmt, und die Qualität der (Objekt-) Beziehung zum oder zur Verstorbenen spielt dabei eine entscheidende Rolle.
- Daher ist die Klärung der Beziehung zum bzw. zur Verstorbenen (z. B. Bearbeitung des Ambivalenz-Konfliktes) wesentlicher Bestandteil der Trauerarbeit.« [60]

Daraus folgt: »... nicht nur die Trauerarbeit, sondern auch der expressive Ausdruck der damit verbundenen Gefühle ist für eine gelingende Trauerbewältigung unerlässlich«.[61]

In der Trauer gibt es nichts, was es nicht gibt!

Obwohl Trauer keine Krankheit ist, wirkt sich Trauer sehr beeindruckend auf den ganzen Menschen aus – im somatischen, kognitiven, emotionalen-affektiven und sozialen-handlungsorientierten Bereich. Wichtig dabei ist, die Information über die Phänomene und möglichen Symptome an die Trauernden weiterzugeben.

# Das ist normale Trauer

Trauer beinhaltet normale Gefühle, Reaktionen und Verhaltensweisen nach einem Verlust.

## Somatische Aspekte

- Kopf-Weh aller Art, Haarausfall, plötzliches Ergrauen der Haare etc.;
- Augen-Weh: Sehstörungen, Sehverschlechterung, häufige Entzündungen der Bindehaut etc.;
- Hals-Weh: Heiserkeit, der Hals ist wie zugeschnürt, Schluckbeschwerden, häufiges Räuspern etc.;
- Haut-Weh: Veränderungen des Hautzustandes (Rötungen, Ekzeme), Akne etc.;
- Herz-Weh: Herzklopfen, unregelmäßiger Puls, Druck auf dem Herzen etc.;
- Brust-Weh: »schweres« Atmen, »als säße mir jemand auf der Brust«, Engegefühl, Reizhusten etc.;
- Bauch-Weh: Schluckauf, Sodbrennen, Krämpfe, Durchfall, Verstopfung, Erbrechen, Unverträglichkeiten etc.;
- Körper-Weh: Alles tut weh, Kraftlosigkeit, Müdigkeit, Erschöpfung, Lethargie, Schwächegefühl, Taubheitsgefühl, Immunschwäche mit vielen Infekten etc.;

- Essens-Weh: Gewichtsverlust, Appetitlosigkeit, Geschmacksverlust, Gewichtszunahme etc.;
- Gelenk- und Knochen-Weh: steife Glieder, Empfindsamkeit, Empfindlichkeit bei Berührungen etc.;
- Verschlechterung chronischer Erkrankungen und Allergien.

## Emotionale-affektive Symptome

- Trennungsschmerz und Sehnsucht;
- Fassungs-, Hilfs-, Antriebs-, Gefühls-, Rast-, Schlaf-, Freud-, Interessenlosigkeit;
- Erregungs-, Spannungs-, Angst-, Schock-, Nervositäts-, Unruhezustände;
- Erstarrung, Vereisung;
- Wut, Aggressionen, Zorn, Selbstvorwürfe;
- Ohnmachts-, Schuld-, Einsamkeits-, Verlassenheitsgefühle;
- Traurig-, Ängstlich-, Reizbarkeit;
- Weinkrämpfe, Wein-Tsunamis, Nicht-weinen-Können.

## Kognitive Symptome

- Unkonzentriertheit, Vergesslichkeit, Verwirrtheit, schlechte Gedächtnisleitung, Grübeln;
- Verlangsamung;
- Sprachlosigkeit, Wortfindungsstörung etc.

## Soziales Verhalten und Handlungen

- Arbeitsunfähigkeit oder Flucht in die Arbeit;
- Rückzug, Beziehungsabbruch;

- Betäubung beispielsweise durch Einkaufstouren etc.;
- Aktionismus, Ablenkung;
- Selbst-Sabotage, »Eigengefährdung«, beispielsweise im Straßenverkehr;
- Vernachlässigung der Körperpflege und des persönlichen Stils.

Vor allem in der ersten Trauerzeit ist es für Begleitende wichtig, auf den Schlafrhythmus, das Essverhalten sowie auf Medikamenten- und Drogenkonsum (auch Alkohol) zu achten. Zu leicht werden – gut ge-

## Wir sind eine schlaflose Gesellschaft

Der Schlafmediziner Hans-Günther Weeß sieht im Interview mit Deutschlandfunk Kultur vom 17. März 2023 mit Sorge auf die »schlaflose Gesellschaft«. Weeß ist überzeugt: »Schlaf ist der beste Regenerations- und Reparaturbetrieb für Körper und Seele.«

Schlaflosigkeit entsteht durch Stress und Anspannung, wobei sich nach einer »schlechten Nacht« die Abwärtsspirale weiterdrehen kann.

Tatsächlich helfen am besten kognitive verhaltenstherapeutische Techniken zur Bekämpfung von Schlaflosigkeit im Gegensatz zu pharmakologischen Therapien (Schlaftabletten). Schlaftabletten sind symptomatische Therapien und wirken eher wie ein »chemischer Hammerschlag auf den Kopf«, so Weeß weiter. Die evidenzbasierten verhaltenstherapeutische Methoden helfen, sich gedanklich zu entpflichten und zu lernen, sich zu distanzieren, beispielsweise auch vom Druck, schlafen zu müssen, so Weeß im Interview. Gelassenheit und Entspannung können langsam durch Übungen (Meditation, Imaginationen etc. und durch Rituale (s. S. 141) erreicht werden.

meint – Schlafmittel nach einem Verlust verschrieben, die leider schnell abhängig machen und den Trauerprozess durch ein zusätzliches Problem erschweren. Ein Glas Wein kann am Abend beim Einschlafen zwar unterstützen, ist aber auf keinen Fall auf langer Sicht hilfreich!

Als Trauerbegleitende haben wir die Aufgabe, schädliche Verhaltensweisen zu identifizieren und gegebenenfalls Suchtverhalten anzusprechen. Nicht schlafen zu können und Schlaflosigkeit sind ein ernstzunehmendes Problem, das auf eine einschleichende psychische Störung hinweisen kann, die behandelt werden muss! Auch der Blick auf das Essverhalten – zu wenig oder zu viel – ist wichtig, um die körperliche Gesundheit aufrechtzuerhalten.

In Trauer-Treffs kann die Frage: »Was haben Sie sich heute zu essen gekocht« und »Können Sie schlafen?« auch wunderbar zur Gruppenunterhaltung beitragen. Ein wichtiger Bestandteil in einem Trauergruppenzyklus kann das Thema der Selbstfürsorge beinhalten.

Es ist wichtig, bei der vielfältigen Symptompalette der Trauer Expertenmeinungen einzuholen und Trauernde zur ärztlichen Abklärung zu schicken!

## Wie viel Zeit benötigt das Trauern?

Die Trauer wird oft als wellenförmig beschrieben. Die erste Welle nach einem Verlust ist wie ein Tsunami. Der Tod eines nahestehenden Menschen entspricht dem starken Erdbeben unter dem Ozeanboden, der den Tsunami entstehen lässt.

Viele haben die Bilder des Tsunamis von 2004 im Indischen Ozean mit seiner riesigen Zerstörungskraft vor Augen. Diese Metapher lässt sich auch gut in der Trauer erkennen. Im weiteren Verlauf werden die Wellen weniger spitz und scharf. Trauernde erleben im Laufe der Zeit die Trauerwellen als besser zu bewältigen. Sie lernen mit der Zeit, mit den ankommenden Schmerzwellen umzugehen. Je mehr Wellen durchtaucht wurden, desto mehr lehrt die Erfahrung: »Ich ertrinke nicht.« Die Trauernden haben gelernt, sich bewusst dem Trauerschmerz zu stellen. Die Trauer-Wellen lassen sie nicht mehr im Chaos zurück.

# Die Trauerwelle

Die Darstellung von Sue Morris, Psychologin und Direktorin der Bereavement Service (Trauerbegleitung) am Dana Farber Cancer Institute in Boston, USA, zeigt den Verlauf der Trauerwellen über das erste Jahr nach einem Verlust. (s. S. 51)

Beachtenswert für Begleitende ist es, wie sehr die »Trigger waves« (Auslöserwellen) um den ersten Todestag herum erneut anwachsen und nachwirken können. Dieses Wissen ist wichtig, um abgrenzen zu können, ob die Trauernden noch starke Schwierigkeiten haben, sich nach einem Verlust zurechtzufinden, und damit eventuell an einer verlängerten Trauerstörung (s. S. 98) leiden oder ob es sich um die Ausläufer der Auslöserwellen handelt.

Die Trauer um einen nahestehenden Menschen ist selbst nach 13 bis 14 Monaten nicht »abgeschlossen«. Die Intensität und die Art des Trauerschmerzes und der Sehnsucht nach der oder dem Verstorbenen sollten

### Die Trauerwelle

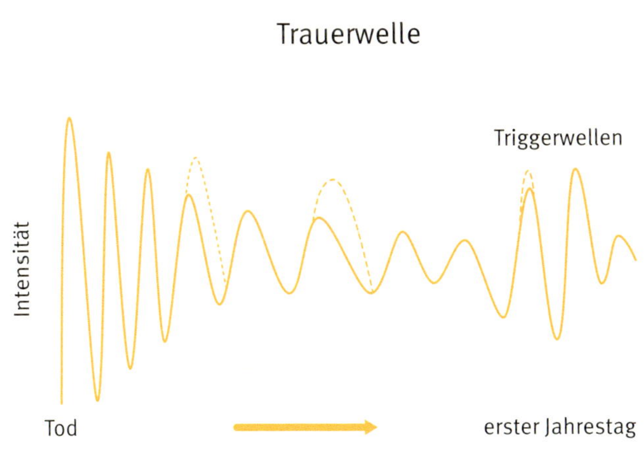


Sue Morris (2020): Best Practices in Bereavement Care. Center for Palliative Care, Harvard Medical School. Unveröffentlichtes Kursmaterial

sich aber qualitativ verändert haben. Die trauernden Menschen sollten alltägliche Aktivitäten, Arbeitsaufgaben und Aufgaben, die das Leben im Allgemeinen stellt, wieder übernehmen können. Es wird vielleicht »gute« Tage und »schlechtere« Tage geben. Zudem werden Jahrestage, Feiertage sowie beispielsweise Hochzeiten, Geburten, Einschulungen, etc. immer Auslöser für einen stärkeren »Trauerwellengang« im Leben nach einem Verlust sein.

**VERSCHLIMMERUNG IM ZWEITEN JAHR** Immer wieder erzählen Menschen, die um Partner oder Partnerin trauern, dass der Trauerschmerz im zweiten Trauerjahr schlimmer sei als im ersten. Das erste Jahr ist eine Art »Überstehen« oder »Durchhalten«. Nach dem ersten Todestag kommt so etwas wie Ernüchterung: »Es wird gar nicht anders, es geht immer so weiter.« Das Bewusstsein der Endgültigkeit schlägt erbarmungslos zu. Der Mensch kommt wirklich nie wieder. »Ich muss ohne ihn leben« wird jetzt umfänglich realisiert. Diese Bewusstwerdung löst noch einmal einen heftigen Trauerschmerz aus, von dem die Trauernden dachten, sie hätten ihn hinter sich.

# Trauermodelle

Trauermodelle helfen uns, die Trauernden besser in ihrem individuellen Anpassungsprozess zu unterstützen. Sie sind für uns Trauerbegleitende Wegweiser auf dem jeweiligen individuellen Trauerweg der Trauernden und geben uns Hilfestellung in der Auswahl der entsprechenden Methoden. Das Wissen um die verschiedenen Trauermodelle ist elementar in der Trauerbegleitung. Damit definieren wir unsere Professionalität als Trauerbegleitende und begründen konzeptionell die Ausführungen und Vorgehensweise in Trauergruppen, Einzelbegleitungen, für Trauer-Cafés und viele weitere Trauerangebote (Yoga, Wandern, Schreiben, Malen etc.). Mit welchem Modell man arbeitet und welches zu einem passt, ist wiederum sehr individuell.

## Phasenmodell – Aufgabenmodell

In den Trauermodellen von Elisabeth Kübler-Ross und Verena Kast wird die Trauer in Phasen beschrieben. Ein Bild, das leicht zu Missverständnissen führt. »Eine solche Reihenfolge von Phasen gilt in der aktuellen Trauerforschung als überholt. Trauer wird entgegen einer statischen Abfolge mit passiver Beteiligung der Trauernden inzwischen als dynamischer Prozess verstanden. Die genannten Merkmale werden als Phänomene angesehen, die im Prozess der Trauer zu verschiedenen Zeiten immer wieder auftreten können.«[62]

J. William Worden spricht im Unterschied dazu von Aufgaben, die zu bewältigen sind. Damit wird die aktive Rolle der Trauernden hervorgehoben und eine positive Orientierung gegeben für das, was zu tun ist. Das Prozesshafte der Trauer bleibt bei Worden angedeutet und wird in neueren Modellen zentraler Aspekt. Die Themen, die sich in den Phasenmodellen oder den Aufgaben finden, bleiben dabei aktuell.

Hier nur einige zur Auswahl, die wir möglichst zusammenfassend und verständlich darstellen wollen:

## Modell nach Kast (1982)

Verena Kast, Jahrgang 1943, ist Psychotherapeutin, Dozentin und Psychoanalytikerin. Zudem war sie Professorin für Psychologie an der Universität Zürich und hatte den Vorsitz der Internationalen Gesellschaft für Tiefenpsychologie inne.

Im Jahr 2013 kam ihr Buch »Trauern. Phasen und Chancen des psychischen Prozesses«, das 1982 zum ersten Mal erschienen war, neu heraus. Als Psychoanalytikerin arbeitet Kast mit dem Unbewussten, das sich in Träumen zeigt, und verbindet die Träume der Trauernden mit den folgenden Phasen.

**NICHT-WAHRHABEN-WOLLEN:** Kast beschreibt die Phase des Nicht-wahrhaben-Wollens als eine große Empfindungslosigkeit. Die Empfindungslosigkeit soll nicht mit Gefühlslosigkeit gleichgesetzt werden, sondern erklärt sich als Gefühlsschock, ähnlich wie bei einer Schockreaktion bei hohem Blutverlust. Die Trauernden sind wie »erstarrt«.

Auch sie interpretiert das Nicht-wahrhaben-Wollen des Verlustes als Bewältigungsstrategie. Wobei es ihres Erachtens nicht nur um die Verdrängung der Todesnachricht geht, sondern auch um die Vermeidung als Bewältigungsstrategie der starken Gefühle in Zusammenhang des Verlustes.

**AUFBRECHENDE EMOTIONEN:** Verena Kast beschreibt diese Phase als Emotionen Wut, Trauer, Freude, Angst, Ruhelosigkeit, Schuldgefühle etc., die nach der Phase der Empfindungslosigkeit eintreten und sich ständig abwechseln können.

Wie auch Kübler-Ross zeigt sie auf, welche wichtige Rolle Wut und Zorn als Blitzableiter in der Reaktion auf die eigene Ohnmacht im Angesicht des Todes spielen. Sie fügt noch unsere eigene Todesangst, die uns zu diesem Zeitpunkt sehr bewusst wird, hinzu. Über den Ärger können Trauernde auf der Suche nach den »Schuldigen« ihre Ohnmachtsgefühle und ihre erlebte Hilfslosigkeit in Betriebsamkeit umwandeln, dabei verliert der Tod eine Spur seiner Grausamkeit. Auch betont sie, dass das Emotions-Chaos durchlebt werden muss, damit sich etwas Neues bilden kann.[63]

**SUCHEN UND SICH-TRENNEN:** Die Suche scheint bei vielen Trauernden sehr real zu sein. Sie halten beispielsweise im Supermarkt Ausschau nach den Verstorbenen, decken den Tisch für die Verstorbenen mit, richten das Wort an sie oder hören sie sprechen. Die Aufmerksamkeit richtet sich auch auf Orte, die die Verstorbenen geliebt haben, und die Trauernden übernehmen deren Gewohnheiten.

Dieses Aufsuchen und -finden ist verständlich und stürzt die Trauernden gleichzeitig immer wieder in die Phase der aufbrechenden Emotionen, weil der Verlust – das Sich-Trennen – wieder und wieder erlebt und bewusst gemacht wird. Wie im Film »Und täglich grüßt das Murmeltier« kann sich in diesem Verhaltensrhythmus des Suchen-Findens und der Trennung langsam eine neue Geschichte (Bindung) entwickeln. Die Phase erlaubt es, das Vergangene – was passiert ist und wie es passiert ist – erneut zu durchleben. Daraus kann langsam eine eigene neue Geschichte entstehen. Von dieser neuen Geschichte (Bindung) müssen sich die Trauernden nicht trennen. Sie gehört als neugeformtes Puzzlestück zu ihnen und sie integrieren es in ihre Biografie.[64]

**NEUER SELBST- UND WELTBEZUG:** Kast spricht jetzt von Verstorbenen als »inneren Figuren« oder »inneren Begleitenden«, die es möglich machen, sich in die Phase des neuen Selbst- und Weltbezug zu stellen. Die Trauernden finden sich in neuen Rollen, die das Leben verlangt, und wenden sich auch neuen Beziehungen zu. Sie erleben sich zunehmend als vollständige Person. Der Verlust wird akzeptiert und gehört zum Leben dazu, ohne dass die Verstorbenen vergessen werden.[65]

Der Tod eines geliebten Menschen bedeutet für die Hinterbliebenen laut Kast ein Extremerlebnis. »Weil wir sterblich sind, müssen wir ›abschiedlich‹ existieren, verbunden mit der Trauer, mit dem Schmerz und der Möglichkeit, unsere Situationen immer wieder neu zu gestalten, auch angesichts unserer Abschiede immer neu uns aufzufalten. Dazu ist aber die Trauer unabdingbar.«[66]

## Modell nach Worden (1982)

Über die normalen und natürlichen Reaktionen auf den Tod eines geliebten Menschen schreibt der amerikanische Trauertherapeut J. William Worden, Jahrgang 1932, in seinem Buch »Beratung und Therapie in Trauerfällen«. Dem Trauerprozess unterlegt er ein aufgabenorientiertes Modell, das er in vier Traueraufgaben unterteilt.

**1: VERLUST ALS REALITÄT AKZEPTIEREN** Auch Worden beschreibt als ersten notwendigen Schritt, wenn ein geliebter Mensch verstorben ist, den Verlust anzuerkennen und zu realisieren. Die Trauernden stehen vor der Aufgabe, die Tatsache zu realisieren, dass der Mensch tot ist und nicht zurückkehren wird. Viele Trauernde erleben immer wieder den Unglauben: »Das ist nicht wahr!« Dabei kann der Verlust immer wieder beispielsweise durch Sätze wie »Er ist tot« ins Bewusstsein gerückt werden.[67]

**2: SCHMERZ VERARBEITEN** Die breite Palette der normalen Gefühle von Trauernden beinhaltet Zorn, Wut, Angst, Ruhelosigkeit, Niedergeschlagenheit, Freude, Traurigkeit, Schuld und Selbstbeschuldigung, Verlassenheit, Einsamkeit, Müdigkeit, Hilflosigkeit, Schock, Sehnsucht, Befreiung, Erleichterung, Betäubung, Abgestumpftheit und vieles mehr. Das Wort Schmerz umfasst dabei (wie schon erwähnt) die körperliche, psychische, soziale und spirituelle Dimension. Dieser Schmerz muss anerkannt, durchlebt und verarbeitet werden.[68]

**3: ANPASSEN** an eine Welt ohne die Verstorbenen. Worden unterscheidet dabei:

- externe Anpassung – die Auswirkungen des Verlustes auf die Bewältigung des Alltags. Worden weißt auf die verschiedenen Rollen hin, die die verstorbene Person innehatte. Aufgabe der Hinterbliebenen ist, diese Rollen zu übernehmen und dabei neue Fähigkeiten zu entwickeln. Erst fällt es den Trauernden schwer, neue Aufgaben zu übernehmen, z. B. Reifenwechseln, Papierkram, Computertechnik etc. Doch mit der Zeit gewinnen sie neue Kompetenzen und erleben Selbstwirksamkeit.

- interne Anpassung – die Auswirkungen des Verlustes auf das eigene Selbst. Worden beschreibt dabei als Aufgabe den inneren Prozess, sein Selbst neu zu finden. Die existenzielle Frage »Wer bin ich jetzt – ohne die verstorbene Person?« spielt dabei eine große Rolle.
- spirituelle Anpassung – die Auswirkungen des Verlustes auf die eigenen Werte und Annahmen

Der Verlust eines geliebten Menschen erschüttert tief die Sicht auf die Welt, Sinn und Glauben sowie Überzeugungen. Die Aufgabe besteht darin, durch die Veränderungen wieder einen Sinn im Leben zu erkennen, um mit dieser Erfahrung weiterleben zu können – auch ohne eine Antwort darauf zu finden,[69] siehe auch Kapitel Resilienz (s. S. 32).

**4: DAUERHAFT VERBINDUNG** zu den Verstorbenen finden, und zwar inmitten des Aufbruchs in ein neues Leben. Es geht auch in dieser von Worden beschriebenen Aufgabe nicht darum, die Verstorbenen »loszulassen«, sondern einen inneren Ort für sie zu finden und ihnen einen Platz in der eigenen Lebensgeschichte zu geben. Das ist für Trauernde sehr tröstlich, weil die Beziehung und Bindung weiter bestehen darf und mit dem eigenen Leben fortgefahren werden kann.[70]

Worden hat mit seiner Zusammenfassung der Trauerphänomene in ein Aufgabenmodell die Möglichkeit gegeben, sich aktiv mit den Traueraufgaben zu beschäftigen. Damit kann sie handhabbarer gemacht werden und es »geschieht« nicht nur etwas mit dem Trauernden. Zudem entwickelte er für die Trauerbegleitenden anlog zu den Aufgaben der Trauernden auch Aufgaben zur Trauerbegleitung.[71]

# Das Duale Prozessmodell nach Stroebe und Schut (1999)

Anhand der Kognitiven Stress-Theorie von Lazarus, wie im Kapitel »Psychologische Stressreaktion« (s. S. 30) näher beschrieben, legen das Ehepaar Margaret und Wolfgang Stroebe mit ihrem Kollegen Henk Schut in ihren Ausführungen im Trauerfall ein besonderes Augenmerk auf die Stressverarbeitungstheorie. Sie stellen das Duale Prozessmodell vor (s. S. 58).

Das Bewältigungskonzept schwingt zwischen Auseinandersetzung mit dem Verlust und dem Sich-Stellen neuer Aufgaben sowie der Bewältigung neuer Herausforderung hin und her. Das Hin- und Herschwingen wird Oszillieren genannt. Das Ziel dieses Hin- und Her-Schwingens ist die Integration des Verlustes. Die Alltagserfahrungen oszillieren zwischen emotionaler Verarbeitung und Anpassung an die neuen Lebensumstände.

### Das duale Prozessmodell, basierend auf Stroebe und Schut

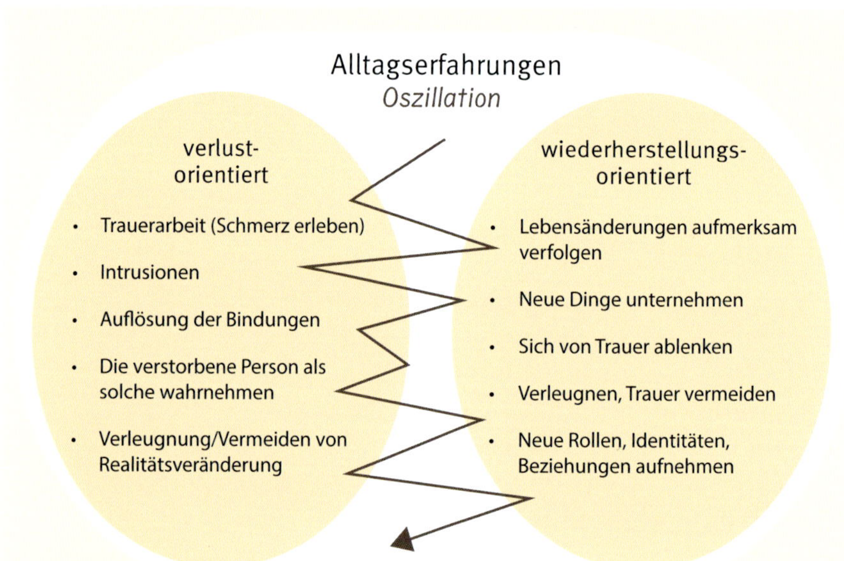


Basierend auf Stroebe M, Schut H. The dual process model of coping with bereavement: rationale and description. Death Studies 1999; 23(3): 197–224

In der Wiederherstellungsorientierung gibt es den Trauernden die Erlaubnis, den Trauer-Schmerz zu vermeiden. Dies hat nach den Ausführungen von Stroebe und Schut eine positive Funktion, denn die Trauernden haben die Kapazität, sich den Aufgaben und konkreten Anforderungen des Alltags zu stellen. Zum anderen gibt das Modell auf der verlustorientierten Seite auch die Erlaubnis, den Verstorbenen sehnsüchtig zu vermissen und den Schmerz zu spüren.

Beide Seiten – die verlustorientierte und die wiederherstellungsorientierte – können zu Stress führen. Beides – Konfrontation und Vermeidung – sind zentrale Mechanismen im Prozess der Anpassung an den Verlust. Auf welcher Seite die Trauernden ihren stärkeren »Muskel« haben, kann kulturell bedingt sein.

Eine weitere These ist, dass Frauen mehr verlustorientiert und Männer mehr wiederherstellungsorientiert trauern können. Bei der Arbeit als Trauerbegleitende soll bei dem Modell auf die Balance der beiden Seiten geachtet und entsprechend der »schwächere Muskel« mehr trainiert werden.

Weil dieses Pendeln sehr anstrengend ist und Stress auslöst, gehört es auch dazu, die Trauernden zu Zeiten von Ruhe und Erholung zu ermutigen und sie darin zu unterstützen. Dabei ist an die Bewertung des Stresses zu denken (»Stress ist das, was die Person als solchen wahrnimmt«). Die kognitive Stressbewertung befasst sich mit der Lösung von Problemen, also: Wie kann ich die mir gestellte Alltagsaufgabe lösen? Gleichzeitig kann das Lösen der Aufgabe auf der emotionalen Ebene den Verlustschmerz triggern. Die Fähigkeit zur Aktivierung von Ressourcen unterstützt das Durchleben des Verlustschmerzes (emotional) sowie das Lösen des Alltagsproblems (kognitiv). Damit ist es eine Aufgabe der Trauerbegleitung, die Trauernden an ihre Ressourcen zu erinnern.[72]

## Modell nach Kübler-Ross und Kessler (2004/2006)

Adaptiert an ihren Erfahrungen aus »On death and dying« (deutsche Ausgabe: »Interviews mit Sterbenden«) von 1969 definierte Elisabeth Kübler-Ross gemeinsam mit David Kessler die fünf Phasen der Trauer in dem

Buch »Dem Leben neu vertrauen: Den Sinn des Trauerns durch die fünf Stadien des Verlustes finden«.

Die schon eingangs beschriebenen fünf Phasen der Trauer – Leugnen, Zorn, Verhandeln, Depression und Zustimmung – sollen dabei helfen, Verlusterfahrungen besser zu verstehen. Die Phasen werden als ein Schema angesehen, nach dem man Emotionen und Empfindungen besser einordnen kann.

Gleichzeitig wird nicht davon ausgegangen, dass die verschiedenen Phasen immer eintreten oder sie in der festen Reihenfolge erlebt werden.[73] »Oft denkt man, dass die einzelnen Phasen Wochen oder Monate dauern. Man vergisst dabei, dass sie Reaktionen auf Gefühle sind, die Minuten oder Stunden beanspruchen, dass uns schlagartig eines und dann ein anderes Gefühl überfällt. Es ist nicht so, dass wir linear in jede Phase eintreten und wieder austreten. Wir erleben vielleicht eine Phase, dann eine andere und kommen wieder auf die erste zurück.«[74]

**LEUGNEN** Im Gegensatz zu der von ihr beschriebenen Sterbephase des »Nicht-wahrhaben-Wollens«[75] hat Kübler-Ross für den Trauerprozess den Begriff des »Leugnens« eingeführt. Dieser Begriff ist symbolisch zu verstehen. Kübler-Ross sagt, dass das Leugnen als Schutzmaßnahme der Seele verstanden werden sollte. Der Zweifel lässt die Seele »Luft holen«, bis die Realität des Verlustes aufgenommen werden kann. »Wenn wir alle Gefühle, die mit Verlust verbunden sind, auf einmal zuließen, wären wir emotional überfordert.«[76] Das Leugnen, so führt Kübler-Ross weiter aus, hilft uns, den Verlust zu überleben. Leugnen kann helfen, die Gefühle zu dosieren, und auf diese Weise lässt die »Seele« nur so viel an uns heran, wie wir verkraften können.[77]

**ZORN** Kübler-Ross beschreibt Zorn als vorherrschendes Gefühl, das sich im Spektrum beispielsweise von Wut, Überreizung, Erregung, Empörung, Aggression, Streitsucht, Entrüstung, Groll, Hader und vielem mehr darstellen kann. Die Gefühlspalette muss nicht logisch oder gerechtfertigt sein – sie ist einfach da.

Wir erleben diese Gefühle sehr oft nach außen gerichtet (»Die Ärztin war komplett unfähig …«) und auch nach innen gerichtet (»Warum habe ich nicht mehr Zeit mit meinem Partner verbracht …«). Wichtig ist, das entsprechende Gefühl als Begleitende nicht zu übergehen oder schnell »wegzureden«, sondern alle ihren Zorn, Wut, Ärger etc. auszudrücken und durchleben zu lassen. Es ist sogar »anerkannter«, diese Gefühle, wie zornig und wütend sein, auszudrücken und als Gegenüber auszuhalten. Die Gefühle hinter diesem Zorn und dem grenzenlosen Schmerz, der wie ein Tsunami über die Trauernden hinwegdonnert und sie mitreißt, kann uns – auf der Seite der Trauerbegleitenden – hilflos und ohnmächtig machen. Die Trauernden erleben hinter dem Gefühl von Zorn und Wut eine grenzenlose Ohnmacht und Hilfslosigkeit. Zorn oder Wut haben somit eine Schutzfunktion und können erst einmal ein Türöffner sein – mit der Frage dahinter: Kann die Person (der oder die Trauerbegleitende) meinen großen Schmerz dahinter aushalten?[78]

**VERHANDELN** Unter Verhandeln nach dem Verlust versteht Kübler-Ross das Verharren in der Vergangenheit. Beispielsweise mit folgendem Satz: »Wenn ich morgen früh aufwache, erkenne ich, dass alles nur ein böser Traum war.« Durch das Verhandeln – als aktives Tun – kann man dem Schmerz fürs Erste entgehen. Diese Form des Trauerns kann damit auch als Stufe zum Schutz der Seele gesehen werden.

Das Verhandeln gibt der Psyche Zeit, sich anzupassen, und uns vermeintliche Sicherheit in Zeiten des Chaos. Wir haben noch etwas »in der Hand«: den Glauben, dass alles nur ein Traum war! Die Phase des Verhandelns kann auch im weiteren Verlauf mit Schuldgefühlen einhergehen. »Was wäre gewesen, wenn …« oder »Wenn nur, …« sind klassische Sätze für den Ausdruck von Schuldgefühlen, wie auch im Kapitel »Den Schmerz verarbeiten« (s. S. 73) beschrieben. Da ist es nicht sinnvoll, jemandem das Schuldgefühl ausreden und mit guter Absicht nehmen zu wollen. In dieser Phase ergibt das Verhandeln, auch gepaart mit Schuldgefühlen, Sinn, weil es hilft dem Schmerz zu entkommen. In dieser Phase wächst langsam die Erkenntnis, dass der geliebte Mensch tatsächlich tot ist.[79]

**DEPRESSION** Zu Trauer gehört, neben vielen anderen Gefühlen, eine tief empfundene Traurigkeit. Diese Traurigkeit ist kein Zeichen einer psychischen Erkrankung, sondern die angemessene Reaktion auf einen großen Verlust. Zur Unterscheidung von der Depression (s. S. 105) ist beispielsweise hilfreich, dass in der Depression »nichts gefühlt« wird. Alles ist eintönig und grau. Bei der Traurigkeit des Trauerns fühlt sich alles tief, schmerzlich, dunkel, neblig und sinnlos an.

Wenn sich der Verlust eines geliebten Menschen endgültig in der Seele als Tatsache festgesetzt hat, dass er nicht mehr zurückkommen wird, dann ist das sehr traurig. Der Traurigkeit den Raum zu geben, den sie verdient, bedeutet zu trauern.[80]

**ZUSTIMMUNG** Man kann die von Kübler-Ross formulierte Zustimmung heute vielleicht besser als Akzeptanz definieren. Die neue Realität (das Schicksal) annehmen ist leichter gesagt als getan, da wir uns mit dieser Realität nie ganz anfreunden werden. Sie wird für uns nie »in Ordnung« sein, aber schließlich finden wir uns damit ab und lernen, mit ihr zu leben. Wir leben in einer Welt, in der die geliebte Person fehlt, und gleichzeitig findet ein Prozess der Wiederherstellung der Beziehung in unserem Innern statt. Das auseinandergerissene Band – die Bindung – wird im Innern wieder zusammengefügt und die Person findet auf diese Weise ihren Platz.[81]

**WEITERE ASPEKTE** Elisabeth Kübler-Ross führt in ihrem Buch »Dem Leben neu vertrauen« noch weitere Aspekte der Welt des Trauerns auf. Zusammenfassend sagt sie, »dass die Trauer voll ausgelebt werden soll, wenn man jenseits davon Heilung erfahren will«.[82] »Wenn Sie traurig sind, lassen Sie Ihre Trauer zu und tun Sie dasselbe mit Zorn und Enttäuschung. Wenn Sie den ganzen Tag weinen müssen, dann tun Sie es eben. [...] Es geht darum, den Schmerz zu spüren und das befreiende Gefühl, ihn loszulassen«.[83] »Letztendlich bedarf es großer Stärke und Entschlossenheit, um einem Verlust begegnen zu können. Sie geben unserer Trauer Sinn und ehren den Verstorbenen«.[84]

Kübler-Ross widmete ihre Arbeit dem Umgang mit Sterbenden. Ihr Konzept der Trauerphasen beruht überwiegend auf Beobachtungen an der Gruppe von sterbenden Menschen, die ihrem eigenen Tod entgegensehen. Sicherlich gibt es wichtige Gemeinsamkeiten, wie auch im Kapitel »Antizipatorische Trauer« (s. S. 92) beschrieben, und dennoch ist die Konfrontation mit einem Verlust eines geliebten Menschen differenzierter zu begreifen.[85]

## Modell nach Smeding (2010)

Ruthmarijke Smeding hat das Modell »Trauer erschließen. Eine Tafel der Gezeiten« auf der Basis der damaligen wissenschaftlichen Erkenntnisse der Trauerforschung entwickelt und mit dem lerntheoretischen Ansatz nach Kolb verbunden. Smeding möchte allen an Trauererlebnissen beteiligten Berufsgruppen, Hauptamt wie Ehrenamt, Handlungsschemata für eine Begleitung auf dem jeweiligen Trauerweg bieten. Das von ihr entwickelte Modell umfasst verschiedene Gezeiten, die sich spiralförmig entwickeln und immer wiederkehren können. Die Unvorhersehbarkeit der Trauer soll in ihrem Modell verwandelt und tragbar gemacht werden. Im Zentrum des Modells befindet sich eine gedachte Mitte. Diese Mitte ist ein Symbol: »Das Loch, in das ich fiel, wurde zur Quelle, aus der ich lebe.«[86]

**DIE SCHLEUSENZEIT®** Die Schleusenzeit symbolisiert die Zeit direkt nach dem Versterben eines geliebten Menschen bis zur Beerdigung. In diesem Modell ist es die einzige Zeit, die nicht wiederholt erlebt werden kann. Smeding unterstreicht, wie wichtig es ist, Abschied vom verstorbenen Menschen nehmen zu können. Sie argumentiert damit, dass die Hinterbliebenen die Transformation von »mein Sohn/meine Tochter, mein Mann/meine Frau, mein Bruder/meine Schwester in einen Körper/Leichnam gelingen kann.« Zudem unterstreicht sie die Wichtigkeit der letzten gemeinsamen Erfahrungen mit den Verstorbenen auf dem weiteren Trauerweg. Diese »Trittsteine« sind unwiderruflich in der Erinnerung der Hinterbliebenen verankert und die ehren- und hauptamtlich Begleitende sind aufgerufen, alles dafür zu tun, um Abschied zu ermöglichen, Beistand zu leisten, Spiritualität erleben zu lassen und durch das Chaos zu begleiten.[87]

### Fallbeispiel Frieda

*Frieda erzählt: »Ein inneres Wissen, eine innere Stimme in mir wusste, dass ich am offenen Grab meines Sohnes singen musste. Alle um mich herum, sagten: ›Das schaffst du nicht‹, ›Tu dir das nicht an‹, aber ich wusste tief in mir drin: Das tue ich für meinen Sohn. Ich habe gesungen, mit fester Stimme, mit all meiner Liebe. Und immer, wenn ich daran denke, erfüllt es mich mit Dankbarkeit und Kraft. Egal wie schwer dieser Schritt war, am Grab zu stehen und für meinen Sohn zu singen […], er trägt mich durch die Trauer und gibt mir Halt.«*

**JANUSZEIT®** Sie symbolisiert das Vorher (Leben mit dem geliebten Menschen) und das Danach (das Zurückgebliebensein). Die Trauernden setzen sich mit dem Status des Zurückgebliebenseins auseinander und stellen durch die Trauer eine Verbindung zur verlorenen Person her. Die Reichweite des Verlustes zeigt sich auf der physischen, emotionalen, intellektuellen, spirituellen und sozialen Ebene und muss durch die Konfrontationen mit dem Erleben (»Es ist anders als vorher«) durchdrungen werden.[88]

**LABYRINTHZEIT®** Auf dem Weg durch das Labyrinth finden die Trauernden mit kleinen und großen Schritten einen Weg in einen neuen Lebenskontext. Das Labyrinth als Symbol setzt Wege, die durch zahlreiche Richtungsänderungen und/oder Sackgassen gekennzeichnet sind. Das Leben ohne die Verstorbenen ist noch unüberschaubar und schwierig, wobei sich auch neue Wege, mit dem Verlust umzugehen, auftun.[89]

**REGENBOGENZEIT®** Der Regenbogen symbolisiert in dem Modell von Smeding, eine Ahnung davon zu bekommen, wo die verstorbene Person in das neue Leben integriert wurde. Die starke Spannung der Januszeit hat sich gelegt und die Trauernden wenden sich mehr dem Leben zu. Es blitzen auch »funkelnde« Momente in das Leben wieder ein. Es bleibt jedoch ein Lernprozess, in dem sich die Betroffenen dem veränderten persönlichen Leben mit all seinen Herausforderungen täglich neu stellen müssen.[90]

Ruthmarijke Smeding betont in ihrem Modell den Wechsel der Gezeiten, in dem sich die Trauernden befinden, und speist viele Erfahrungen von Trauernden in ihr Modell mit ein. Mit der metaphorischen Sprache können Trauernde sehr gut ihre Trauer nachvollziehen. Sie erklären ihre Trauer als ein Naturereignis – als Gezeit – und erleben einen Prozess, den sie auch aus der Natur kennen und dem sie ausgesetzt sind.

## Hypnosystemische Trauerbegleitung nach Kachler (2014)

Roland Kachler entwickelte seine Hypnosystemische Trauerbegleitung aufgrund eigener Trauererfahrung. Er selbst ist Psychologe und Psychotherapeut. Als er mit dem Tod seines Sohnes konfrontiert war, halfen ihm die gängigen Theorien der Trauer nicht weiter. Insbesondere die Idee des Loslassens des Verstorbenen löste in ihm großen und heftigen Widerstand aus. Es stellten sich ihm die Fragen: »Wie kann ich meine Liebe zu meinem Sohn weiterleben?«, »Wie kann ich ihn in meinem Inneren als geliebtes Gegenüber bewahren?«, »Wie kann ich eine – nun freilich andere – innere Beziehung zu ihm leben?«, »Wie kann ich sie in ein Leben nach dem Verlust so integrieren, dass es wieder mein Leben wird – ein Leben, in dem es auch wieder Freude und Glück geben darf?«[91]

Erfahrungsgemäß sprechen diese Fragen vielen Trauernden aus der Seele und dem Herzen. Das Loslassen weckt bei vielen Trauernden Widerstand und Ablehnung. Nimmt man ihnen diese Pflicht des »Loslassens«, ist die Erleichterung geradezu körperlich spürbar.

Kachlers Traueransatz basiert vor allem auf dem Hypnosystemischen Integrationsmodell von Dr. med. Gunther Schmidt. Mehr auch in den Kapiteln »Systemische Methoden« (s. S. 160) und »Hypnotherapeutische Methoden« (s. S. 167). Zentral im Trauermodell von Kachler ist, dass »der Verstorbene und die Beziehung zu ihm eine wesentliche Rolle im Trauerprozess spielen«. Der Verstorbene »bleibt Teil des Systems, in dem der Trauernde sich und seine Trauer erfährt«.[92]

Da der Verstorbene nicht mehr im Außen existiert, ist eine neue »Existenzform« des Verstorbenen im Inneren des Trauernden vonnöten. Sehr viel deutlicher wird damit bei Kachler:

- Der Verstorbene fällt zunächst gewissermaßen aus dem System des Trauernden, bleibt aber gleichzeitig Teil des Systems.
- Die Beziehung des Trauernden zu sich, zu seiner Trauer und zum Verstorbenen sind grundlegend in der Trauer und Trauerbegleitung.
- Die Neudefinition der Beziehung und einen neuen Ort für den Verstorbenen zu finden sind zentrale Punkte.

- Die Ressourcen und Kompetenzen des Unbewussten, der Intuition, werden hervorgehoben und über Rituale und Imaginationen bewusst in den Trauerprozess eingebunden und genutzt.

Mit diesen Grundannahmen und methodischen Ansätzen widmet sich Kachler den aus seiner Sicht beiden wesentlichen Traueraufgaben: der Realisierung der äußeren Abwesenheit des geliebten Menschen und der Re-Etablierung einer inneren Beziehung zum geliebten Menschen.

Trauerarbeit ist bei Kachler ein Entwicklungsprozess zwischen diesen beiden Polen, ein Prozess des Schwingens zwischen der äußeren und der inneren Realität, zwischen Realisierungs- und Beziehungsarbeit.

**STABILISIERUNGS- UND RESSOURCENARBEIT** Am Anfang der Trauerbegleitung kann es nach Kachler notwendig sein, zunächst zu stabilisieren, Sicherheit und Halt zu schaffen. Dabei geht es Kachler um »das erste emotionale Überleben« des Trauernden. Stabilisierungs- und Ressourcenarbeit können während des gesamten Trauerprozesses immer wieder angezeigt sein.

**SCHMERZLICHE REALISIERUNGSARBEIT** Wie bei vielen andern Trauermodellen ist auch für Kachler die Realisierung eine zentrale Traueraufgabe. Dabei treten großer Schmerz und die verschiedensten Gefühlsfacetten auf. Die Realisierungsarbeit ist dabei Voraussetzung dafür, dass Trauer sich zu Wehmut und Dankbarkeit transformieren und der Verlust ins Leben integriert werden kann.

**KREATIVE BEZIEHUNGSARBEIT** Zentral für die Beziehungsarbeit sind bei Kachler die Beziehungsemotionen: das Mitgefühl für die Verstorbenen, die Sehnsucht nach ihnen, die Liebe zu ihnen. Sie sind sozusagen die Basis für eine sichere innere Bindung, die nicht mehr physisch im Außen existiert, sondern vielmehr imaginativ, also symbolisch im Inneren.

Kachler weist deutlich daraufhin, dass Konflikte oder ungeklärte Aufträge etc. mit dem Verstorbenen zuerst zu klären sind, bevor eine gute Beziehung zu ihm und eine Integration erfolgen kann.

**DIE ZUNEHMEND SICHERE, FREIE BEZIEHUNG** ist für Kachler eine Voraussetzung dafür, ein eigenes erfülltes Leben mit dem Verlust zu leben.

Um die innere Beziehung als freie und sichere zu gestalten, ist es wichtig, einen sicheren Ort für den Verstorbenen zu finden. Diese Suche ist nach Kachler eine Traueraufgabe im Sinne von Wordens vierter Traueraufgabe (s. S. 57). Der innere sichere Ort ist ein Ort, an dem der Verstorbene geborgen und gehalten ist, an dem der Trauernde mit ihm kommunizieren und ihn lassen kann. Die innere Beziehung zum Verstorbenen darf dauerhaft weitergehen, sich verändern und auch enden.

Für Kachler führt der Trauerprozess im besten Sinne zu einem veränderten Selbst. »In diesem veränderten Selbst sollte beides integriert sein – das durch den Verlust Begrenzte und das neu Entstandene, das zerbrochen Bleibende und das neu Zugewachsene, die durch den Verlust entstandene Schwächung und die gewonnene Stärke, eine bleibende Wehmut und eine neue Lebendigkeit.«

## Das Kaleidoskop des Trauerns nach Paul (2019)

Trauern ist die menschliche Fähigkeit, die es uns ermöglicht, mit Verlusten umzugehen. Es ist keine Krankheit, von der man geheilt werden muss, es ist vielmehr eine Kompetenz und eine Stärke. Dennoch ist der Trauerprozess häufig anstrengend, herausfordernd und kraftzehrend.

> — Trauer ist die Lösung, nicht das Problem![93] —
>
> Chris Paul

Chris Paul wählt als Bild das Kaleidoskop, in dem sich sechs Facetten finden. Die Facetten sind alle von Anfang an vorhanden. Ähnlich wie in einem Kaleidoskop können die unterschiedlichen Facetten neben- und übereinander liegen. Manchmal steht eine Facette im Vordergrund, dann wieder eine bzw. mehrere andere. Nach Paul beschäftigen sich die Trauernden meistens mit mehreren Facetten gleichzeitig. Der Trauerprozess ist auch bei ihr kein geradliniger Weg, sondern gleicht eher einer Spirale. Und sie macht ganz deutlich, dass Trauer nicht vorbeigehen muss: »Es ist eher, als würden die Kreise immer weiter und dabei kämen immer mehr Facetten hinzu: Facetten des Lebens.«[94] Die Facetten der Trauer tauchen dabei immer mal wieder auf, sie bleiben vorhanden.

Paul beschreibt die Facetten auch im zeitlichen Verlauf des Trauerweges. Ausprägungen und Bedeutung in den ersten Stunden und den ersten Wochen nach dem Tod, im ersten Trauerjahr, am ersten Todestag und in den Trauerjahren danach. Die sechs Facetten im Folgenden:

**ÜBERLEBEN** »Überleben hat Vorrang und Überleben ist immer wieder dran zum Kraftschöpfen und zum Ausruhen von den Anstrengungen der anderen Trauerfacetten.«[95]

Die Überlebensstrategien sind so vielfältig wie die Trauernden selbst. Sie können aus Sport bestehen, aus Reden oder Schweigen, aus Gemeinschaft oder Rückzug, aus Ablenkung durch Kreuzworträtsel, Liebesfilmen oder Actionserien, aus Auspowern oder Schlafen oder mal so, mal so.

Aus den eigenen Erfahrungen mit Trauernden, die am Anfang ihres Trauerweges sind, zeigt sich, wie entlastend der Hinweis ist, dass es zunächst mal um das pure Überleben geht. Von Tag zu Tag.

**WIRKLICHKEIT** Die Wirklichkeit begreifen. »Diese Wirklichkeit des Todes lernt man nur mit jedem Tag, der vergeht.«[96]

Hilfreich ist dabei bei Paul das Berühren des Sterbenden und des Verstorbenen. Hilfreich ist auch, über den Verstorbenen zu sprechen, zu erzählen, eine zusammenhängende begreifbare Geschichte zu entwickeln.

**GEFÜHLE** Wie in den anderen Trauermodellen auch geht es bei dieser Facette um die Vielzahl von Gefühlen, die alle wichtig sind und einen Ausdruck brauchen. Dabei sind die Ausdrucksformen wiederum sehr vielfältig: Tränen, lautes Klagen, Schreien, Schweigen, Grabbesuche, Trauertagebuch führen, Gestalten von Erinnerungskisten etc.

Der »Seelenschmerz« drückt sich häufig auch körperlich aus, z. B. durch Kopfschmerzen, Herzrasen, Beklemmungen. »Der Körperschmerz braucht den Ausdruck des Seelenschmerzes, um langfristig wieder in den Hintergrund zu treten!«[97]

**SICH ANPASSEN** Anpassen an ein Leben ohne den Verstorbenen. Anpassen an neue Aufgaben, neue Rollen, einen neuen Alltag.

**VERBUNDEN BLEIBEN** Wie bei allen neueren Modellen geht es nicht um ein Loslassen oder Lösen der Beziehung zum Verstorbenen, sondern um ein Verbundenbleiben, aber eben anders.

Körpergebundene Gemeinsamkeiten gibt es nicht mehr. Um Verbunden zu bleiben, muss man sich mit gedachten und geahnten Bindungsfaktoren begnügen, so Paul. Das können Erinnerungen sein, Träume vom Verstorbenen, die Wahrnehmung von »Zeichen«. Auch bei Paul geht es um die Suche nach der inneren Verbundenheit. Da aber jede Beziehung Licht und Schatten hat, geht es bei Paul »um das Suchen nach dem, was bleiben soll, und dem, was in den Hintergrund treten kann«.[98]

**EINORDNEN** Paul widmet die Aufmerksamkeit nicht nur der Vielfalt der Gefühle, sondern in dieser Facette der Vielfalt der Gedanken, die ähnlich anstrengend sind. »Trauernde versuchen einzuordnen und zu bewerten, was ihnen zugestoßen ist.«[99]

Mit der Trauer werden die eigenen Grundüberzeugungen in Frage gestellt. Wer bin ich? Wie ist die Welt? Manchmal werden frühere Erfahrungen bestätigt, manchmal genau das Gegenteil. Dieses Neuverorten, das auch in anderen Modellen vorkommt, ist hier als Denkleistung ebenso anstrengend und herausfordernd wie das Fühlen der Gefühle.

## Trauer hat viele Gesichter

Die Diversität der Trauer und der Trauernden erfordert von Trauerbegleitenden ein breites Spektrum von Erklärungsmodellen und Herangehensweisen. Deshalb ist es für Trauerbegleitende notwendig, ein grundlegendes Wissen über verschiedene Trauermodelle zu haben. Neue, kreative Dinge auszuprobieren, Mut und auch über sich selbst lachen zu können sind hilfreich und machen das Leben Trauerbegleitender leichter. So finden sich für den Trauernden die passende Sprache, die geeignete Wortwahl und zutreffende Bilder und Metaphern.

# Trauerbegleitung

Viele Menschen können ihrer Trauer Ausdruck verleihen und kommen ohne ehrenamtliche oder professionelle Trauerbegleitung aus. Jeder von uns kann hilfreiche Gespräche leisten, nicht nur im Rahmen einer Trauerbegleitung. Zudem können wir den Menschen, die »ein Mehr« an Gesprächen, Zuhören und Empathie für ihre Trauererfahrung brauchen, eine adäquate Unterstützung geben. Und dann gibt es noch Menschen, die wegen ihrer Lebensgeschichte, ihrer Vorerfahrungen und Schicksale eine fundierte Trauerbegleitung benötigen.

## Interventionsregeln nach Lammer

»Trauerbegleitung sollte:

- die Realisierung des Verlustes (und das heißt in der akuten Sterbesituation zunächst: die Realisierung des Todes) fördern;
- die Wahrnehmung und den Ausdruck der damit verbundenen Gefühle erlauben bzw. fördern;
- den Einstieg in den Prozess der Rekonstruktion bzw. Klärung der Beziehung zum/zur Verstorbenen fördern;
- die Wahrnehmung und den Ausdruck der Gefühle für den Verstorbenen bzw. die Verstorbene fördern und dabei insbesondere Ambivalenzen Raum geben.«[100]

# Trauerbegleitung adaptiert nach Worden

Für uns sind die Aufgaben nach Worden die Grundlage für unsere Trauerbegleitung. Die Aufgaben sind nachvollziehbar und vermitteln einen möglichen Weg durch die Trauer.

## Aufgabe 1: den Verlust als Realität akzeptieren

→ ***Helfen, den Verlust zu realisieren.***
Diese Aufgabe wird vor allem von Pflegekräften, von Ärztinnen und Ärzten sowie von Ersthelfenden übernommen. Für diese ist es wichtig zu wissen, welche Auswirkungen ihr Verhalten und ihre Art zu sprechen auf das zukünftige Trauerverhalten der Hinterbliebenen haben. Je nach Todesart können diese entsprechend begleitet werden, um einer verlängerten Trauerstörung, einer erschwerten oder traumatischen Trauer entgegenzuwirken.

Um den Verlust zu realisieren, ist es elementar, die Verstorbenen anzusehen und zu berühren. Das kann auch mit Leichnamen gelingen, die durch Unfall, Suizid oder Mord verunstaltet wurden. Es kann dann beispielsweise nur eine Hand gezeigt werden, während der restliche Leichnam verhüllt bleibt. Bestatterinnen und Bestatter sind sehr kreativ und können den Leichnam entsprechend präparieren. Jede Hand ist individuell. Sie wird von den Hinterbliebenen erkannt und das Ansehen oder Berühren dient der Realisation des Todes. Die Erlaubnis zu geben und zu ermutigen, den Verstorbenen zu berühren, ist wichtig für das »Begreifen« des Todes.

Pflegekräfte können die Hinterbliebenen dazu einladen, bei der Versorgung (Waschen) und beim Aufbahren des Verstorbenen zu helfen. Viele Trauernde erzählen noch lange von der liebevollen Waschung und Ankleidung der Verstorbenen – ein Trittstein (siehe oben) in der Zeit der Trauer.

Für Kinder und junge Erwachsene als Hinterbliebene empfiehlt sich das Ansehen und Berühren des Verstorbenen sehr wohl auch. Ambulante

Kinderhospizdienste haben ebenfalls den Auftrag, Kinder und Jugendliche zu begleiten, deren Eltern schwerkrank sind und im Sterben liegen. Nach dem Tod eines geliebten Menschen sind sie auch für diese Nachsorge-Begleitung ausgebildet und können den Betroffenen in diesen Zeiten beistehen.

Für alle gilt: nicht allein lassen und Raum geben, darüber zu sprechen. Und wenn die Trauernden das Angebot nicht nutzen möchten, ist das eine Entscheidung, die respektiert werden sollte. Niemand sollte genötigt werden, die Verstorbenen anzusehen.

**ABSCHIEDNEHMEN IST ELEMENTAR.** Es kann darauf hingewiesen werden, dass die Erfahrungen zeigen, wie wichtig dieser Abschied für die zukünftigen Zeiten der Trauer sein kann. Eine Verabschiedung im Sterbezimmer mit einem bestimmten Ablauf von Ritualen (s. S. 141) kann für alle Abschiednehmenden ein Zeichen von Verbundenheit setzen und die Möglichkeit bieten, Erinnerungen mitzutragen und auszutauschen.

In Hospizen und Pflegeheimen ist eine Verabschiedung von Verstorbenen im Sterbezimmer ein fester Bestandteil der Trauer-Nachsorge, auch für Care-Teammitglieder. Dabei gibt es für alle Gelegenheiten etwas zu sagen und mitzugeben – auch schwierige Situationen können dort noch einmal benannt werden. Sich für Trauernde Zeit zu nehmen, sie zum Erzählen zu ermutigen und zuzuhören ist in einem vollen Alltag mit vielen Verpflichtungen nicht einfach, aber für die Trauernden enorm hilfreich! Auch das Realisieren braucht Zeit und meist ist es mit der Bestattung nicht abgeschlossen. Gerade deshalb ist das Erzählen, das Darüber-Reden notwendig und wichtig.

Ebenfalls ist es wichtig, Unterstützung bei Fragen zur Hinterlassenschaft zu signalisieren. Sich auf die Suche nach gemeinsamen Ritualen zu machen kann sehr hilfreich sein. Viele ambulante Hospizdienste haben, neben der Sterbebegleitung, ausgebildete Trauerbegleitende, die für die Trauernden eine wichtige Zuhörerschaft darstellen. Sie können auch besonders belastete Hinterbliebene »im Auge behalten« und unterstützen sowie bei Bedarf an ein entsprechendes Hilfsnetzwerk weitervermitteln. Kooperation und Kommunikation sind wichtige Kompetenzen. Ein gutes Netzwerk schützt und stützt die Arbeit und bewahrt vor dem Ausbrennen.

## Aufgabe 2:
## den Schmerz verarbeiten

→ ***Hilfestellung geben, Gefühle annehmen und ausdrücken.***
Wir lernen, unsere Gefühle zu bewerten, zu zensieren, zurückzunehmen und zu verbergen. Wir lernen nicht, unsere Gefühle auszudrücken und kennenzulernen. »Ich darf so sein, wie ich bin«, »Es ist in Ordnung, mich so zu geben, wie ich empfinde« und »So wie ich fühle, so ist es gut«, erleben Trauernde meist in Trauer-Einzelgesprächen und/oder in Trauergruppen. Die Trauernden brauchen die Erlaubnis bzw. Einladung, ihre Gefühle zu spüren: Alle Gefühle und Gedanken dürfen sein.

Gefühle in Gesprächen zu validieren gehört zu den schwierigen Aufgaben in der Gesprächsführung. NURSE (s. S. 20) ist ein wunderbares Konzept zum Validieren der Gefühle. In der Erinnerungsarbeit gilt: Zeit lassen und Raum geben für die Intimität der Gefühle. Das würdigen, was da ist und was war. Es gibt eine breite Palette kreativer Ausdrucksweisen (Malen, Schreiben, Plastizieren, Musizieren etc.) zur Unterstützung des Gefühlsausdrucks. Körperübungen helfen, wieder zurück zu sich selbst zu kommen und »die Füße auf den Boden zu bekommen«.

Jeder weiß, wie lösend die heilsame Kraft der Tränen sein kann. »Und da ist ein Ozean von Tränen« ist ein wunderbarer Satz in der Trauerbegleitung, der zum Weinen einlädt. Die emotionalen Reaktionen wie Wut, Schweigen, Tränen u.v.m. aushalten, dranbleiben und gleichzeitig Hilfestellung zu geben, um das Gedanken- und Gefühlschaos zu ordnen und eine gelingende Gesprächsführung auf Gefühlsäußerungen zu meistern, ist Schwerstarbeit für Trauerbegleitenden und braucht Übung.

**SCHULDGEFÜHLE, SELBSTVORWÜRFE, SCHULDZUWEISUNGEN** Nach dem Tod eines geliebten Menschen wünschen sich viele Hinterbliebene, sie hätten manche Dinge anderes entscheiden sowie anders gehandelt. Trauernde denken – bis hin zu nicht-stoppbaren Gedankenkarussellen – sie hätten noch mehr dafür tun sollen, wie beispielsweise trotz vorheriger Absprache doch noch einer Beatmung, einer Antibiotikagabe, einer Reanimation etc. zuzustimmen, um das Versterben bzw. den Tod zu verhindern. Dies kann dazu führen, dass sie sich schuldig fühlen.

Schuld im Kontext von Trauer wird als ein »reuevoller emotionaler Zustand mit der Erkenntnis, den eigenen inneren Maßstäben und Erwartungen in Bezug auf den Verstorbenen nicht entsprochen zu haben«, definiert[101]. Um die Rolle des Schuldgefühls in der Trauer zu verstehen, müssen wir es noch mehr differenzieren. Schuldgefühle können eine Vielzahl kongnitiver wie auch emotionaler Aspekte haben. Beispielsweise beziehen sich Selbstbeschuldigungen in Bezug auf die Verstorbenen auf Todesursachen und das Gefühl, etwas verpasst zu haben.

Reue umfasst schmerzvolle Gedanken und Gefühle bezüglich des eigenen Verhaltens gegenüber den Verstorbenen und dem, was hätte anders beziehungsweise besser sein können in der Beziehung zu den Verstorbenen.[102] Chris Paul hat mit ihrem Buch »Schuld macht Sinn«[103] wichtige Zusammenhänge in Bezug auf Schuld, deren Funktion und die Begleitung für die Praxis zusammengestellt. Auch spricht sie von normativen oder instrumentellen Schuldzuweisungen, wobei die normativen Schuldzuweisungen sich auf den Bruch von Regeln, Gesetzen oder Nor-

## Die Trauerspirale

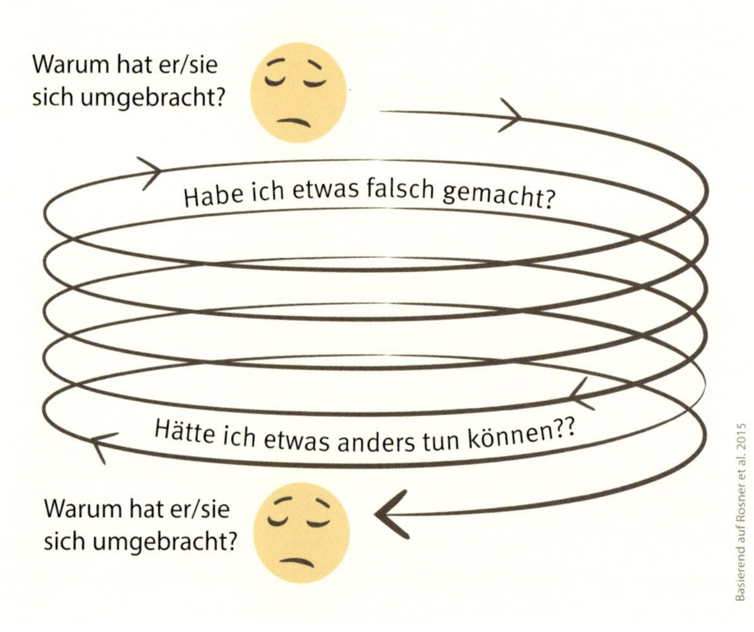

men beziehen. Sie können sich gegen sich selbst und andere richten und von anderen kommen.[104]

Instrumentelle Schuldvorwürfe dienen der Bewältigung der Verlustsituation. Sie haben den Sinn, eine Antwort auf quälende Fragen zu finden, Erklärungen für das Nicht-verstehen-Können zu entwerfen sowie die fehlende Verbindung zu den Verstorbenen wiederherzustellen.[105] Eigentlich ganz »normale« Versuche, um die Aspekte des Verstehens, der Handhabbarkeit und der Bedeutsamkeit wiederzuerlangen, siehe dazu auch das Kapitel »Salutogenese« (s. S. 33).

Nun können diese Erklärungsversuche in ein Gedankenkarussell führen. Die Ziellosigkeit des Grübelns stellt einen nicht hilfreichen Versuch der Trauernden dar, die Trauer zu bewältigen. Hinweise, dass eine solche Gedankenspirale besteht, sind Formulierungen wie beispielsweise »Hätte ich noch etwas sagen sollen?«, »Wie hätte ich den Tod verhindern können?« und »Hätte ich ... getan/gesagt/gemacht, wäre es nicht passiert«.[106] Schuldgefühle können sich in Gedankenkarussellen festklammern. Die Grafik (s. S. 74) zeigt ein typisches Gedankenkarussell nach einem Suizid.

Neben Suiziden sind beispielsweise auch »stille Geburten« kritische Lebensereignisse, die eine große Auswirkung auf Frauen und ihre Partner oder Partnerinnen haben.[107] Zu dem Tabu, über Fehl- und Totgeburten zu sprechen, kommt die gesellschaftlich nicht anerkannte Trauer = entrechtete Trauer hinzu: »Ich habe kein Recht zu trauern« wie beispielsweise: »Dein Kind hat noch gar nicht richtig gelebt« oder: »Du hast es doch noch gar nicht gekannt.« Zudem machen sich die Frauen vielfältige Selbstvorwürfe und beschuldigen sich, wie beispielsweise: »Mein Körper hat versagt« und/oder: »Hätte ich mich gesunder ernährt« etc. Starke Schuldgefühle, Schuldvorwürfe, Selbstbeschuldigung und Reuegefühle können zu erschwerten Trauerprozessen bzw. zu verlängerter Trauerstörung führen.

Eine wichtige Grundlage im Umgang mit Selbstvorwürfen und Schuldgefühlen ist die wertfreie Haltung der Trauerbegleitenden und das Wissen, dass Schuldgefühle sinnvoll sind und nicht »einfach« weggeredet werden dürfen. Auf dieser Basis kann Vertrauen entstehen. Weitere wichtige Unterstützung finden sich im Kapitel »Trauerbegleitung bei erschwerter, verlängerter oder anhaltender Trauerstörung« (s. S. 98).

## Aufgabe 3:
## sich an die Welt ohne die Verstorbenen anpassen

→ ***Helfen, dass sich die Trauernden im Alltag zurechtfinden.***
In der von William Worden beschriebenen externen Anpassung bedeutet es, Zutrauen auszusprechen, dass die Trauernden die neuen Aufgaben schaffen können. Unterstützend gilt es, auf Beratungsangebote wie beispielsweise Rechtsberatung, Schuldnerberatung etc. hinzuweisen und sich entsprechend zu vernetzen.

Manchmal sind es die kleinen Dinge, die die Trauernden unterstützen, wie beispielsweise das Korrekturlesen einer wichtigen E-Mail oder auch ein erstmaliger Gang zum Amt mit einer ehrenamtlichen Begleitung. Für die interne wie auch für die spirituelle Anpassung gilt es, die Suchbewegung »Wer bin ich jetzt?« empathisch zu begleiten und Fragen nach dem Warum nicht mit den eigenen Überzeugungen zu beantworten, sondern mit Fingerspitzengefühl zu fragen: »Was meinst Du?«, »Was denkst Du darüber?«

## Aufgabe 4:
## eine dauerhafte Verbindung zu den Verstorbenen finden

→ ***Für den Verstorbenen einen neuen Platz im Leben finden – inmitten des Aufbruchs in ein neues Leben.***
Robert Neimeyer, Psychologe und Trauerforscher aus den USA, spricht von »Rekonstruktion der Bindung«[108] als Methode der Trauerbegleitung. Durch den konstruktiven Ansatz – damit meint er: durch das Erzählenlassen der Erlebniswelt des Trauernden – ist es möglich, einen roten Faden in der Bedeutung der Geschehnisse für die Trauernden zu finden. Dieser rote Faden wird im Erzählen neu gesponnen. Es entwickelt sich eine neue Bindung zu den Verstorbenen hin. Diese Anpassungsfähigkeit gibt dem Verlust schrittweise eine neue Bedeutung für das Leben und eine gewisse Akzeptanz. Es kann sich eine fortgesetzte Verbindung über den Tod hinaus bilden. Zudem setzen sich die Trauernden durch das Erzählen der Lebens-Geschichte auch immer wieder mit Klärungen bei-

spielsweise hinsichtlich Beziehung und zu Ambivalenzen auseinander und finden so einen neuen Blick auf ihr eigenes Leben.[109]

Akzeptanz des Verlustes ist ein Annehmen, eine aktive Zustimmung dessen, was einem widerfahren ist.

Nach Luise Reddemann bedeutet resilient sein auch, mit »unbeantworteten Fragen« zu leben.[110] »Akzeptieren bedeutet nicht, zu resignieren oder gutzuheißen, sondern sich zu öffnen, anzuerkennen, zuzulassen und anzunehmen, was ist.«[111] In diesem Prozess können auch taktvoll, sachlich und mitfühlend schmerzhafte Lebenserfahrungen als Belastung anerkannt und ein würdevoller Umgang mit dem Abschied von Lebensentwürfen, Kränkungen und Enttäuschungen erarbeitet werden. Im besten Falle wird ein neuer Platz für die verstorbene Person gefunden. Der verstorbene Mensch kann zum inneren Ratgeber und inneren Unterstützer werden.

# Die Narbe bleibt – eine Darstellung

»Was verbindet Menschen, wenn sie zusammenleben?«[112]

»Zwei Menschen leben zusammen. Eine Fülle von Bindungen entsteht.«[113]

### BLAUE LINIEN:

- Sie gehen gemeinsame Wege.
- Sie reden miteinander.
- Sie hören einander zu.
- Sie genießen miteinander …

### GELBE LINIEN:

- Sie streiten miteinander.

### BRAUNE LINIEN:

Unerfüllte Sehnsüchte, Wünsche und Erwartungen, die Menschen aneinander oder an ein gemeinsames Leben haben.

- »Gemeinsame Ferien, der eine will ans Meer und der andere in die Berge.«
- »Der eine will ins Rockkonzert, der andere lieber in die Oper.«

Beide Menschen haben auch Verbindungen zu anderen Menschen.

Was geschieht, wenn einer der beiden stirbt?

## Welche Assoziationen und Gedanken haben Sie?

»Hier wird das Gefühl des Verlustes, der Amputation, des Alleingelassenwerdens, des Ausgeliefertseins, des Abgeschnittensein deutlich. Etwas, was bisher zu meinem Leben gehörte, ja, ein Teil von mir selbst war, ist nicht mehr da.«[114]

Als Bild kann man an den abgerissenen Verbindungen auch eine offene Wunde erkennen, die schmerzt und im übertragenen Sinn blutet. Sie braucht Zeit zum Heilen. Die Wunde blutet in allen Dimensionen: körperlich, psychisch, sozial und spirituell.

## »Mut zur Trauer«

Der Trauerprozess dient der Wundheilung in all seinen Stadien und bei Wundheilungsstörungen.

Die gekappten Verbindungen werden langsam in der Rekonstruktion der gemeinsamen Geschichte wiederhergestellt und der Verstorbene findet einen neuen Platz (im Herzen). Am Ende bleibt eine Narbe. Narben bleiben sicht- und spürbar – eine tröstliche Metapher.

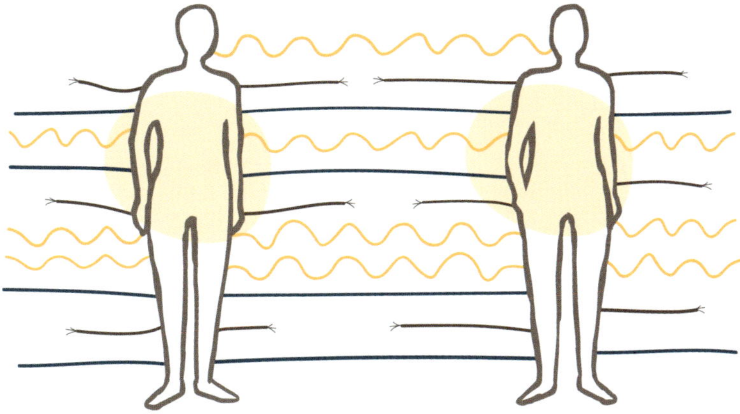

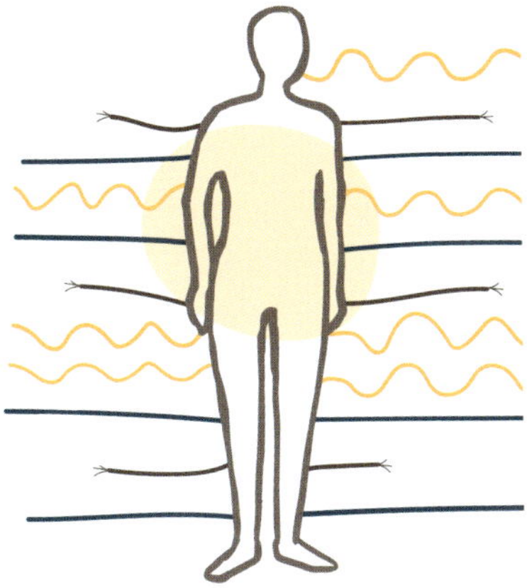

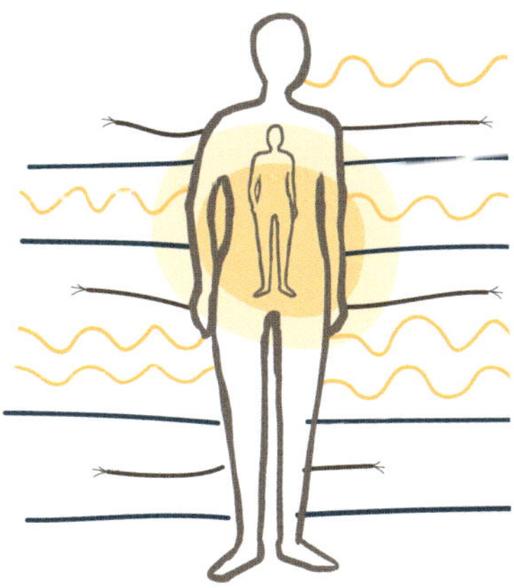

# Formen der Trauer

Trauer ist ein individueller Prozess und Trauer ist die natürliche Reaktion auf einen Verlust. Das ist in der Regel so. Jeder trauernde Mensch hat bereits seine eigene Lebensgeschichte, seine Erbanlagen, seine Erfahrungen und Prägungen und in diesem Kontext findet Trauer statt.

Dabei spielen große gesellschaftliche Einflussfaktoren eine Rolle, wie das Geschlecht, die Kultur oder die Religion. Es gibt Lebensumstände, die eine Form der Trauer auslösen, bevor der Tod eingetreten ist. Und es gibt schwere und schwierige Trauerverläufe. Die Gründe dafür sind vielfältig.

Auf all das möchten wir in diesem Kapitel einen Blick werfen. Schließlich geht es um die Frage, welche Auswirkungen das für die Trauerbegleitung hat und wie Trauerbegleitende damit umgehen können. Insbesondere, wenn es um einen schweren Trauerverlauf geht, ist das Wissen um die Abgrenzung von psychischen Erkrankungen zwingend. Abgrenzung heißt dabei auch, die Grenzen der Trauerbegleitung zu kennen und einzuhalten. Trauerbegleitung ist keine Psychotherapie!

## Gender – ist Trauer weiblich?

Man könnte es meinen! Derzeit sind von 20 an der Qualifizierung zur Trauerbegleitung Teilnehmenden 18 weiblich. Auch die deutlich überwiegende Zahl der Teilnehmenden in den Trauergruppen bei uns sind weiblich. Und auch die Trauernden, die sich an uns wegen einer Trauerbegleitung wenden, sind mit deutlicher Mehrheit weiblich.

## Was ist mit den Männern? Trauern sie nicht?

Sie trauern, aber anders. Männer leiden nicht weniger unter einem Verlust als Frauen. Sie suchen aber tendenziell weniger Unterstützung in einer Trauerbegleitung oder Trauergruppe, zumindest ist das unsere Erfahrung. Wie kommen Männer mit Verlust und Trauer zurecht? Brauchen sie Unterstützung? Und wenn ja, welche Angebote sind hilfreich?

Dr. Martin Kreuels, promovierter Biologe und Landschaftsökologe, erlebte die Krebserkrankung und den Tod seiner Frau und hatte das Gefühl, dass Daten und Fakten nicht weiterhelfen. In seinem Buch »Männer trauern anders« versucht er das männliche Trauerverhalten biologisch zu erklären.[115]

Dabei folgt er sozusagen der Evolution: Während der menschlichen Anfänge vor 200.000 Jahren gab es Familienverbände. Die Männer jagten, die Frauen kümmerten sich um den Nachwuchs. Daraus folgte, dass die Männer still und fokussiert waren, ruhig saßen und warteten – nur die zielorientierte Kommunikation war hilfreich. Frauen dagegen waren mit den Kindern und den anderen Frauen zusammen, sammelten Nahrung etc. – sie tauschten sich aus, unterhielten sich. Kommunikation war hilfreich. Vor ca. 20.000 Jahren wurden die Menschen sesshaft und begannen mit dem Ackerbau. Der Mann verrichtete die Feldarbeit, oft allein, oft in Stille – Kraft und Aushalten von Stille waren wieder gefragt.

Laut Kreuels lernte der Mann über sehr lange Zeit das Schweigen. Über einen langen Zeitraum trainierte er seinen Körper, schnell und stark zu sein. Der Mann war eher dazu »verdammt«, mit seelischem Schmerz allein und still zurechtzukommen. Er musste die Kontrolle bewahren, um weiter für seine Familie sorgen zu können. Die Frau war in Gemeinschaft, konnte reden, sich austauschen, wurde in der Gemeinschaft getröstet und umsorgt.

Eine große Veränderung erfolgte durch die industrielle Revolution im 18. Jahrhundert. Durch den Einsatz von Maschinen konnten Arbeiten von beiden Geschlechtern erledigt werden. Frauen nahmen diese Veränderungen schneller an als der Mann.

**KREUELS SCHLUSSFOLGERUNGEN:** Es blieb, dass die Frauen die Kinder gebären und versorgen, die Männer eher schweigen und die körperliche Kraft haben. Was sich über lange Zeit entwickelt hat, ändert sich nicht so schnell. Die Änderung des Verhaltens braucht viele Generationen. Frauen können mit Trauer umgehen, Männer bleiben allein damit, verdrängen vielleicht. Daraus resultiert eine unterschiedliche Taktung im Trauerprozess.

Noch heute sind alte Prägungen wirksam: Der Mann arbeitet weiter, er geht ins Tun und damit in die Externalisierung. Männer gehen nach dem Verlust der Partnerin oder des Partners schneller neue Beziehungen ein. Die Frau redet über Gefühle, weint etc. Sie ist im Gegensatz zum Mann nach innen gerichtet.

Der Erklärungsansatz klingt so logisch und von der Evolution nun mal so gegeben. Aber vielleicht greift diese Erklärung auch zu kurz.

Thomas Achenbach, Redakteur, Blogger und zertifizierter Trauerbegleiter, versucht in seinem Buch, das ebenso »Männer trauern anders«[116] heißt, dem Phänomen differenzierter auf die Spur zu kommen.

Die Erfahrung zeigt durchaus, dass es unterschiedliche Strategien von Männern und Frauen gibt, mit einem Verlust umzugehen. Auch Achenbach kommt zu dem Schluss, dass die Wissenschaft dazu noch nichts anbietet. Also gilt es auch bei Achenbach, aus anderen Forschungsgebieten abzuleiten, z. B. aus Gesundheits- und Kommunikationswissenschaft sowie Soziologie, und letztlich auf Erfahrungswissen zu gründen.

### ACHENBACH VERFOLGT DREI THESEN:

1. Männer trauern im Geheimen, machen den Kummer lieber mit sich selbst aus. Männer begegnen dem Gefühl der Ohnmacht eher mit Aktivität, z. B. mit Bewegung, und das eher allein. Laut Achenbach brauchen Männer in der Trauer oft Einsamkeit und Alleinsein, also Rückzug.

2. »Männer reden weniger über Gefühle, jedenfalls solange sie sich nicht rundum wohlfühlen.« Für viele Männer ist es schwierig, Zugang zu ihren

Gefühlen zu bekommen und diese dann auch noch differenziert zu benennen. Sie brauchen zudem eine längere »Aufwärmphase«, um sich im Gespräch – häufig nur kurz – über Gefühle zu äußern, um dann wieder in unverfänglichere Gesprächsinhalte und damit auf sicheres Terrain zu kommen. Damit Männer auch über ihr Innenleben sprechen können, brauchen sie einen sicheren und verlässlichen Rahmen.

3 Männer gehen mit dem Verstand an Themen heran, wollen Wissen sammeln. Wissen über Trauer und Trauerprozesse hilft, sich und das eigene Verhalten und Befinden einzuordnen.

»Sich nicht in die Augen sehen zu müssen und sich nicht direkt gegenüberzusitzen macht Männer bizarrerweise eher miteinander vertraut als das Setting, wie es sonst üblicherweise für solche Gespräche gewählt wird: sich auf zwei Stühlen gegenübersitzend.«[117]

## Unsere Erfahrungen

Diese Erfahrung machen wir in unserer Trauerbegleitung grundsätzlich auch. Unsere Wanderangebote werden von Männern deutlich häufiger wahrgenommen als klassische Trauergruppen mit Stuhlkreis und gestalteter Mitte. Das liegt an der Bewegung, aber auch daran, dass wir beim Gehen nebeneinander sind, mit Blick nach vorne, und wir uns beim Reden nicht in die Augen schauen. Auch bestimmte Methoden, die in Trauergruppen genutzt werden, wie Traumreisen, Imaginationen, bestimmte Körperübungen etc., sprechen Männer häufiger nicht an oder schrecken sie sogar ab.

Mit der Idee »Stammtisch« haben auch wir ganz gute Erfahrungen gemacht. Trauernde Männer treffen sich in einer Gaststätte zum Essen und Reden. Es entsprach nicht einer Trauergruppe, aber für die Männer war es ein hilfreiches Angebot.

Generell ist Achenbach der Ansicht, dass Männer sich unter Männern wohler fühlen, wenn es um Trauerbegleitung geht. Und dass es Angebote geben sollte, die Teilnehmer mit ähnlichen Bedürfnissen zusammenbringt, z.B. verwaiste Männer, verwitwete etc. Damit Männer sich angesprochen fühlen, braucht es eine männergerechte Wortwahl. Grundsätzlich geht Achenbach davon aus: »Je weiter weg von Stuhlkreis und zu erwartenden Gefühlsdiskussionen, je näher dran am Tun und Machen, am Gewinnen neuer Erkenntnisse, als desto ansprechender kann ein Angebot von einer eher männlichen Zielgruppe erlebt werden.«[118]

Das können wir aus unseren Erfahrungen durchaus so bestätigen. Und dennoch gelingt nicht alles. Wir haben es einmal mit einer Trauerwerkstatt probiert, dachten, dass Männer miteinander handwerklich tätig werden und so ins Reden kommen. Doch die Schwelle war zu hoch. »Ich bin kein Handwerker«, »Ich bin da nicht so gut drin« – dieser handwerkliche Anspruch hat abgeschreckt.

Männer trauern, genauso intensiv wie Frauen. Witwer trauern zum Teil länger als Witwen und haben in bestimmten Altersklassen sogar ein erhöhtes gesundheitliches Risiko.[119]

Es gibt kaum wissenschaftliche Erkenntnisse dazu, ob Unterschiede im Trauerverhalten von Männern und Frauen bestehen. Die wenigen Untersuchungen zeigen nicht auf, wie diese konkret aussehen. Noch weniger gibt es einen echten Gender-Ansatz in der Trauerforschung.

## Geschlechtsidentitäten bedingungslos akzeptieren

Ausgehend von Vorerfahrungen in Bezug auf Spott, Hass, Diskriminierung sowie psychische und physische Verletzungen, haben Trauernde, die der LGBTQIA+-Gemeinschaft angehören, schon viel Ausgrenzung und Tabuisierung erlebt. Die herausfordernden Erfahrungen in der Biografie können eine Auswirkung auf den Prozess der Trauer und Trauerbearbeitung haben. Es gibt noch wenig Studien über Trauererfahrungen in der LGBTQIA+-Gemeinschaft.

Bristowe et al. haben beispielsweise herausgearbeitet, dass es zusätzliche Barrieren und Stressoren in der Zeit vor dem Tod und in der Zeit der

**Wir leben in einer diversen Welt – die Geschlechtervielfalt (LGBTQIA+)**

| | |
|---|---|
| **L**esbisch | Frauen, die Frauen lieben |
| **G**ay (schwul) | Männer, die Männer lieben |
| **B**isexuell | Menschen, die sowohl Frauen als auch Männer lieben |
| **T**ransgender/ transsexuell | Menschen, die ihr eigenes Geschlecht infrage stellen, zum Beispiel, wenn sie als Junge geboren wurden, sich aber als Mädchen fühlen oder umgekehrt |
| **Q**ueer | Menschen, die sich nicht mit den herkömmlichen Begriffen identifizieren können |
| **I**ntersexuell (med.) | Menschen, die keine eindeutig männlichen oder weiblichen Körper besitzen, zum Beispiel aufgrund der Organe oder des Hormonstatus |
| **A**sexuell | Menschen, die kein Interesse oder nur selten das Bedürfnis danach haben, mit einem anderen Menschen intim zu werden |
| **+** | Menschen, die eine andere sexuelle Orientierung haben und nicht in die Aufzählung passen |

Trauer gibt. In der Zeit vor dem Tod ist die Akzeptanz der Gesundheitsversorgenden eine wichtige Quelle für die Unterstützung der jeweiligen Angehörigen. Wenn jedoch Homophobie, der Schatten des HIV- und AIDS-Stigmas sowie die rechtliche und die finanzielle Situation bei Gesundheitsversorgenden eine Rolle spielen, können sich die Angehörigen teilweise gezwungen fühlen, sich zurückzuziehen. Mit ihrem Rückzug möchten sie eine Versorgung des geliebten sterbenden Menschen durch die Gesundheitsversorgenden gewährleisten und aufrechterhalten. Damit verlieren sie selbst für sich die Möglichkeit, die letzten Dinge gemeinsam zu klären, den Sterbenden ermögliche, Wünsche zu äußern, sowie selbst Abschied zu nehmen. Dieses Erleben führt zur »entrechteten« Trauer (disenfranchised grief).

Das offene Akzeptanz-Modell (s. S. 86) nach Bristowe et al. hilft, das Tabu rund um LGBtQ+ besser zu verstehen.[120]

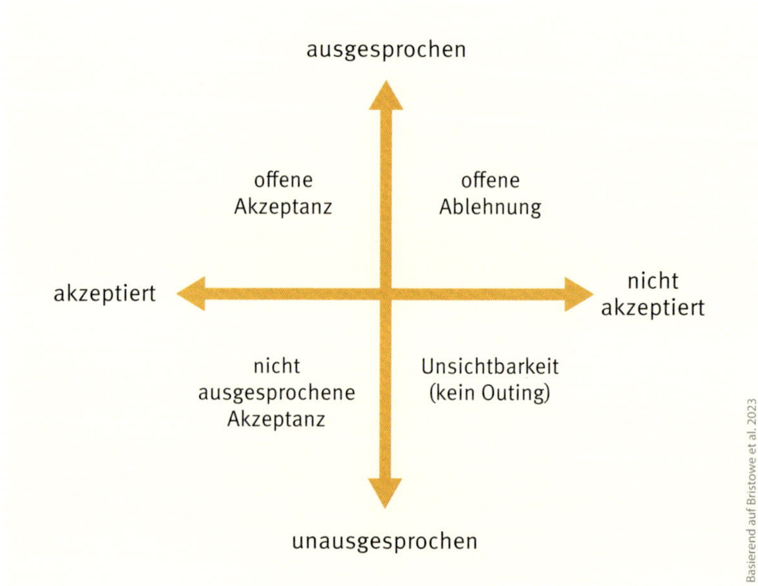


**Akzeptanz-Modell nach Bristow und Mitarbeitende**

Alle, die sich *nicht* im oberen linken Feld (offen und akzeptiert) befinden, können ein erhöhtes Risiko für entrechtete Trauer beziehungsweise erschwerte Trauer besitzen.

**OFFENE AKZEPTANZ** LGBTQ+-Menschen, die Akzeptanz und Anerkennung erleben, fühlen sich auch meist in ihrer Trauer unterstützt. Auch haben sie ein stabiles soziales Netz und eine tragende Gemeinschaft. Nicht zu vergessen ist, dass auch sie in ihrem Leben negative Erfahrungen gemacht und Diskriminierung erlebt haben.

**NICHT AUSGESPROCHENE AKZEPTANZ** Bristowe und Mitarbeitende berichten von Teilnehmenden ihrer Studie, die Unterstützung in ihrer Trauer unabhängig von ihrer nicht-ausgesprochenen gelebten Partnerschaft erhalten haben. Diese unausgesprochene Tatsache jedoch hinterlässt dennoch eine Lücke im Trauererleben und im Vertrauensverhältnis.

**OFFENE ABLEHNUNG** Während die Beziehung in der Öffentlichkeit bekannt war, wurde sie weder akzeptiert noch unterstützt. Die fehlende Gemeinschaft und die fehlende Unterstützung wirken sich stark auf das Trauererleben aus. Zusätzlich kann aufgrund von historischen und politischen Gegebenheiten (Verbot von Homosexualität) dieses erneute Erleben einen großen Stress auslösen.

**UNSICHTBARKEIT (KEIN OUTING)** Schlussendlich beschreiben Teilnehmende dieser Studie ihre Unsichtbarkeit in ihrer Gesellschaft und Gemeinschaft. Damit verbinden sie, dass kein Zugang zu Unterstützungsangeboten für ihre Trauer sowie keine Möglichkeit der Teilnahme an Bestattungsfeiern besteht – ein wichtiger Teil für das weitere Trauererleben. Damit benötigen Menschen, die entrechtete Trauer auch auf Grund ihrer ethnischen Herkunft und Kultur erleben, einen besonderen Schutz und besondere Unterstützung.

**BRISTOWE ET AL. EMPFEHLEN,**

- keine Vermutungen über Einzelne und deren Beziehungen zu äußern. Unkorrekte Vermutungen können Schaden anrichten, vor allem in der Trauer;
- das Etikett für die Beziehung und die Pronomen (sie/er), die der Trauernde für sich nutzt, zu verwenden und danach zu fragen, wenn es nicht bekannt ist;
- auch dieselben Worte, mit denen die Menschen sich selbst und ihre nächsten wichtigen Personen beschreiben, zu verwenden. Auf die Frage nach Ehe eher nach »Partner/Partnerin« fragen als nach Mann oder Frau;
- gemeinsam nach persönlichen und sozialen Ressourcen zu suchen: »Wer ist in Ihrem Leben wichtig für Sie?«, »Wer weiß von Ihrer Trauer und Ihrem Verlust?« Diese Fragen können Hinweise auf das soziale Netzwerk geben und schützen auch vor unfreiwilligen Enthüllungen (Outings) gegenüber anderen;

- sich der Unschlüssigkeit und der Ängste vor anderen formalen Unterstützungsangeboten bewusst zu sein und damit respektvoll umzugehen;
- Kontakte zu entsprechenden Netzwerken herzustellen und, wenn nötig, erste Vorstellungen zu machen, damit all diejenigen, die entsprechende Ängste haben, auch Zugang zu den jeweiligen Unterstützungssysteme erhalten.

Wenn wir als Trauerbegleitende wirklich eine empathische, akzeptierende und wertschätzende Haltung für alle trauernden Menschen verinnerlicht haben, dann ist die Akzeptanz jeder sexuellen Orientierung wesentlich.[121] Wir können dann einen sicheren Ort für die Menschen und ihre Trauer schaffen.

## Kulturen und Religionen

Unsere Gesellschaft ist divers, multikulturell und multireligiös. Selbst wenn wir Europa als christlich geprägt ansehen, ist diese Prägung keineswegs homogen und einheitlich. Römisch-katholisch, orthodox, evangelisch, freikirchlich – unter all diesen Überbegriffen finden sich verschiedene Ausprägungen mit eigenen Regeln und Bräuchen.

Innerhalb Europas gibt es große kulturelle Unterschiede. Schon die Friedhofs- und Gräberkultur macht dies offensichtlich. Wie werden die Gräber gestaltet und geschmückt? Welche Blumen gelten als Trauerblumen? Gibt es Fotos auf Kreuzen oder Grabsteinen? Erd- oder Feuerbestattung? Erdgrab oder Gruft? Kolumbarium oder Baumgrab? Wie laufen die Bestattungen ab?

Darüber hinaus leben in der modernen deutschen Gesellschaft des 21. Jahrhunderts Menschen unterschiedlicher Kulturen, Religionen und Weltanschauungen. Neben den christlichen Religionsgemeinschaften sind alle Weltreligionen vertreten. Der Islam ist neben dem Christentum die größte Religionsgruppe. Judentum, Buddhismus, Hinduismus und viele kleinere Religionsgemeinschaften finden sich in Deutschland.[122]

Im Jahr 2021 hatten 27 Prozent der deutschen Bevölkerung einen Migrationshintergrund. Fast zwei Drittel der Menschen mit Migrationshintergrund kommen aus einem anderen europäischen Land, gefolgt von Asien, Afrika und Amerika. Wichtigste Herkunftsländer sind die Türkei (zwölf Prozent), gefolgt von Polen (zehn Prozent), der Russischen Föderation (sechs Prozent), Kasachstan (sechs Prozent) und Syrien (fünf Prozent).[123] Diese Zahlen machen die kulturelle Vielfalt in unserem Land deutlich. Von Trauerbegleitenden erfordert dies erneut, offen und neugierig zu bleiben.

## Religiöse Unterschiede

Wann und wie hat die Bestattung zu erfolgen? Wie drückt man die Trauer aus? Wie lange dauert das Trauern? Judentum, Christentum, Islam, Buddhismus und Hinduismus als die großen Weltreligionen bieten auf all diese Fragen sehr konkrete Antworten.[124]

Allgemein lässt sich sagen, dass alle Weltreligionen Bestattungsrituale kennen, allerdings sehr verschiedene. Es gibt zum Teil sehr detaillierte Regeln zur Vorgehensweise bzw. es wird sehr ausführlich darauf eingegangen.

Die eigentliche Trauerzeit beginnt nach der Bestattung. Manche der Religionen fordern auf, sich zurückzuziehen, man ist von den üblichen Pflichten entbunden, muss nicht wie gewohnt funktionieren. Es ist eine Art Hingabe an die Trauer – eine Auszeit vom Leben. Diese Auszeit ist klar begrenzt. Es reicht von »für Trauer besteht kein Grund« wie im Buddhismus bis zu einer Trauerzeit von 30 oder 40 Tagen. Spätestens aber nach einem Jahr muss die formale Trauerzeit beendet sein.

In allen Religionen spielt die Gemeinschaft eine große Rolle. Die Unterstützung durch Verwandte und Freunde, die das sichere Gefühl vermitteln, nicht allein zu sein, die aber auch ganz konkrete Hilfe leisten. Die Gemeinschaft hilft, wieder ins Leben zurückzukehren.

Gedenktage und entsprechende Rituale finden sich mehr oder weniger in allen Religionen. Allein im Christentum haben Grabbesuche eine besondere Bedeutung. Auch wenn die Trauerzeit abgeschlossen sein soll, so gibt es doch Rituale des Gedenkens und des Erinnerns.

## Was bedeutet das für Trauerbegleitende?

Bei all den Ähnlichkeiten im Umgang mit Tod und Trauer in den Weltreligionen gibt es doch sehr gravierende Unterschiede. Bedenkt man, dass innerhalb der jeweiligen Weltreligionen eine Vielzahl an unterschiedlichen Ausprägungenen versammelt sind und dass neben religiösen Regeln und Bräuchen kulturelle hinzukommen, dann wird es für Trauerbegleitenden schier unmöglich, alles genau und differenziert zu wissen. Dann gilt: Fragen hilft!

Wie verwurzelt sind die Trauernden in religiösen und/oder kulturellen Ritualen und Bräuchen, welche Bedeutung haben sie? Wie sehen diese Rituale oder Regeln aus? Was ist besonders wichtig für die Trauernden?

Für die Trauerbegleitenden heißt es, achtsam zu sein, nachzufragen und offen zu sein für die Bedürfnisse und Möglichkeiten der Trauernden. Als Trauerbegleitende muss man nicht Expertin oder Experte für alles sein. Vielmehr zählt wieder die Haltung: empathisch, akzeptierend, wertschätzend und neugierig.

## Die stille Epidemie der Trauer

Die Covid-19-Pandemie zeichnet sich in der Trauerbegleitung nur langsam ab. Es wird geschätzt, dass auf jeden COVID-19-Todesfall neun Menschen kommen, die von einem Trauererleben betroffen sind. Die Hinterbliebenen von COVID-19-Todesfällen können ein erhöhtes Risiko erschwerter Trauer und verlängerter/anhaltender Trauerstörung erleiden, da folgende Faktoren einwirken können:

- plötzlich und unerwartete Todesfälle;
- Todesfälle auf Intensivstationen;
- Isolation von Erkrankten;
- schwere Symptome (einschließlich Atemnot am Lebensende);
- die restriktiven Maßnahmen zur sozialen Distanzierung: kein Abschied am Sterbebett oder Sarg, Bestattungen im kleinen Kreis mit Abstand und ohne »Leichenschmaus«).

Zudem haben alle Hinterbliebenen während der weltweiten Pandemie unter einem dreifachen Verlust gelitten:

- Sie haben ihre Liebsten verloren.
- Sie hatten häufig nicht die Möglichkeit, sich zu verabschieden.
- Sie haben durch die restriktiven Maßnahmen keine Unterstützung durch ihr soziales Netz erhalten.[125]

Die holländische Studie »CO-LIVE« fand in ihrer Befragung folgende Trauerphänomene und Erfahrungen von Trauernden während der COVID-19-Pandemie heraus:[126]

### ÜBERSCHATTETE TRAUER

- Die Trauer um den Verstorbenen ist überschattet von Gegebenheiten und Umständen der Pandemie.
- Die Hinterbliebenen hadern mit dem nicht stattgefundenen Abschied und dem Begreifen des Todes/Realität des Todes.

### KUMULIERTE TRAUER

- Während des Trauerprozessen kommen weitere einschneidende Lebensereignisse vor.
- Die Trauer und weitere Not bzw. weitere Ereignisse sind zu groß, um sie zu verarbeiten.
- Angehörige verspüren eine große Last, ein Tropfen lässt das Fass überlaufen.

### SOZIAL AUSGELÖSTE TRAUER

- Es geht um den Verlustschmerz, der aufgrund von Covid-19-Pandemiesituationen unerwartet und plötzlich immer wieder aufflammt. Beispielsweise durch Reportagen und Berichte.
- Gesellschaftlicher Umgang mit den Restriktionen der Pandemie: Die Meinung anderer Angehöriger darüber, ob Menschen, die in einem Pflegeheim leben, Besuch erhalten sollten oder nicht etc.

**ENTGLEISTE TRAUER**

—— Entspricht der traumatischen Trauer: Die Umstände des Todes haben einen traumatischen Effekt auf die Angehörigen. Sie erleben Flashbacks, Alpträume und/oder leiden unter einer Angststörung.

**BESCHWICHTIGENDE TRAUER**

—— Angehörige von schwer kranken oder alten Menschen (demente, lungenkranke oder onkologisch erkrankte Verstorbene) hören Sätze wie beispielsweise: »Sie müssen nicht mehr unter dem Alleinsein oder der sozialen Isolation leiden« und: »Der/die Verstorbene ist so besser dran ...«

Trauerbegleitende müssen sich bewusstmachen, dass das derzeitige Verständnis von Trauer nicht ausreicht, um diese während und als Folge der Pandemie zu verstehen. Dabei ist es wichtig, die Trauer der Angehörigen als multiples Verlustgeschehen zu begreifen, das sich auch in unterschiedlichen Formen komplexer Trauererfahrungen manifestieren kann.

Zudem scheint es so, dass überall ein »business as usual« und der große Wunsch nach Normalität nach der Pandemie die Bearbeitung der Pandemieerfahrungen in den Hintergrund rücken lassen. Die gesellschaftliche gemeinsame Verdrängung und die »Unfähigkeit zu trauern«[127] bedeutet vielleicht dann später einen großen Kraftakt. Wir sehen unsere Kinder und Jugendlichen schon jetzt als große Verlierer der Pandemie! Sie zeigen vielfältige psychische Probleme wie Angststörungen und Depressionen.

## Antizipatorische Trauer – vorweggenommene Trauer

Angehörige erleben während der Begleitung eines schwerkranken und sterbenden nahestehenden Menschen großen emotionalen Stress. Dieser Stress wird ausgelöst durch die Unvorhersehbarkeit des Krankheitsweges, den herannahenden Tod und die damit verbunden Gefühle von Verlust sowie der Präsenz von Hoffnung und Hoffnungsbildern. Dieses Konglomerat der Gefühle löst stark ambivalente Gefühle aus.

Die Anpassung an den herannahenden Tod oszilliert zwischen Unsicherheit, Ängsten und Hoffnung. Hier eignen sich auch die Phasen von Elisabeth Kübler-Ross (wie im Kapitel über die Trauermodelle, s. S. 59, schon aufgeführt) – Leugnen, Zorn und Verhandeln – viel besser, um die ambivalenten Gefühle der Angehörigen zu verstehen.

Die Aufgabe von Palliative-Care-Teams besteht darin, die Aufmerksamkeit auf die ambivalenten Gefühle zu richten, sie zu benennen sowie zu normalisieren. Auch die Kommunikation zwischen den Familienangehörigen zu fördern ist enorm wichtig. Zudem können Palliative-Care-Teams die Angehörige auf den herannahenden Verlust langsam vorbereiten, Erinnerungen schaffen und Abschied ermöglichen.[128]

Für beide – Sterbende und Angehörige – bedeutet diese Zeit, unerledigte Aufgaben erledigen und folgende Worte – manchmal – formulieren zu können:

> **»Danke**
> **Ich liebe Dich**
> **Ich vergebe dir**
> **Vergib mir**
> **Auf Wiedersehen«**[129]

Hier können die Teams schon die Coping-Strategien der zukünftigen Hinterbliebenen beobachten und eventuell Rückschlüsse auf das »Trauer-Coping« nach dem tatsächlichen Verlust ziehen.

Für die Hinterbliebenen ermöglicht die Zeit eine Vorbereitung ohne den geliebten Menschen. Wobei es ganz wichtig ist, nicht zu vergessen, dass der sterbende Mensch noch am Leben ist und wunderbare gemeinsame Momente erlebt werden können. Diese Momente haben wiederum in der Trauer einen großen Wert, weil die gemeinsamen Erinnerungen als tröstlich erlebt werden können. Hilfreich dabei ist, Angehörige zu ermutigen und ihnen Anregungen zu geben, beispielsweise für eine Handmassage, die Mundpflege und das Anschauen von Fotoalben. Dazu mehr im Kapitel »Rituale« (s. S. 84).

Aus der Trauerbegleitungspraxis heraus können wir beobachten, dass weniger Trauernde aus den Settings der Hospize und Palliativstationen an Trauer-Angeboten teilnehmen. Es kann sein, dass die Sterbebegleitung einen ganzheitlichen Abschied ermöglicht hat und Coping-Strategien gestärkt werden. Um diese These zu belegen, fehlen leider Studien aus der Angehörigenforschung.

## Demenz und Trauer

»Menschen mit Demenz sind in den letzten Jahren ihres Lebens von vielfältigen Abschieden und Verlusten betroffen, wobei ihr dementierendes Verhalten und Erleben und die gesellschaftliche Reaktion darauf für sie selbst und ihre Zugehörigen eine wesentliche Quelle von Trauer sind.«[130]

Es ist gut nachvollziehbar, dass sich die Betroffenen selbst durch die Demenz in einem Trauerprozess befinden. Kontinuierlich gehen Fähigkeiten verloren, die sie als Verluste erleben. Und auch die Zugehörigen nehmen Abschied, kontinuierlich und meist über Jahre. Auch für sie beginnt der Trauerprozess zu Lebzeiten ihres Zugehörigen. Die Zugehörigen erleben einen geliebten Menschen, der sich sehr verändert, und müssen mit diesem Anderssein zurechtkommen. Hinzu kommt, dass sich die Gesellschaft, das soziale Umfeld gerade mit Demenz sehr schwertut. »Betroffene erfahren häufig durch die Art der Begegnung, dass man ihnen abspricht, als Person wertvoll und wertschöpfend zu sein und zu bleiben.«[131] Es ist eine Art »gesellschaftlicher Tod« den die Betroffenen erleiden und worunter auch die Zugehörigen leiden, was den Trauerprozess zusätzlich erschwert.

Anders als bei einer Krebserkrankung oder anderen unheilbaren Erkrankungen wird bei Demenz die Trauer nicht anerkannt, sie bleibt vielmehr unerkannt. So schreibt Birkholz, dass die Trauer der Zugehörigen *eher* wahrgenommen wird als die Trauer der dementierenden Menschen.[132] Birkholz stellt die These auf, dass die Trauer von Menschen mit Demenz überwiegend nicht erkannt wird und die Betroffenen so eine erschwerte oder sogar traumatische Trauer erleben. Oft wird aber auch die

Trauer der Zugehörigen nicht gesehen und ihnen aberkannt, am ehesten wird sie als vorweggenommene Trauer gesehen. Der Tod eines von Demenz betroffenen Menschen wird vom Umfeld als Erleichterung angesehen und wieder wird den Zugehörigen ihre Trauer aberkannt.

Birkholz regt an, dass Hospize ihren Auftrag der Trauerbegleitung um die Lebens- und Trauerbegleitung von Zugehörigen von Menschen mit Demenz erweitern. Für die Trauerbegleitung von Menschen mit Demenz braucht es zusätzliche Kompetenzen. Die von Demenz Betroffenen haben zunehmen weniger kognitive Möglichkeiten, mit den Verlusten umzugehen. Durch das beschädigte Kurzzeitgedächtnis erleben sie die Verluste immer wieder aufs Neue. »Nimmt der kognitive Zugang zur Erklärung von Trauerschmerzen ab, wird die berührend-empathische Begleitung zunehmend wichtig.«[133]

Birkholz beschreibt Haltung und Eigenschaften, die Trauerbegleitenden haben sollten, wenn sie Menschen mit Demenz begleiten wollen:

**HALTUNG:**

- »Nehmen die Trauerreaktionen wahr,
- bestätigen das Recht zu trauern,
- halten die eigenen Ängste und Ohnmacht aus,
- nehmen die verbalen und die symbolischen Trauerreaktionen validierend (wertschätzend) auf,
- helfen, die Lösungswege zu transformieren in aktuell Mögliches,
- hinterfragen übliche Automatismen (schnelle Auflösung der Wohnung, Entmündigung der Person, etc.), um erschwerte Trauer zu verhindern,
- bleiben in Beziehung, auch wenn die Sprache sich verändert (verbal-nonverbal).«[134]

**EIGENSCHAFTEN:**

- »Wertschätzung gegenüber der Person mit Demenz,
- Offenheit und Neugierde für das ›Tagesaktuelle‹,
- präsent sein im Augenblick,
- Echtheit im Kontakt,

- Intuition,
- Offenheit für Nähe, auch körperlich,
- Verbundensein zwischen Dementierenden und (hilflosen) Angehörigen.«[135]

Es macht einen so großen Unterschied, ob man in erster Linie die Demenz sieht oder den Menschen – einen Menschen, der mit Demenz lebt. Erst dann findet man Zugänge.

Die Trauerbegleitung von Menschen mit Demenz und ihren Zugehörigen stellt zusätzliche und andere Herausforderungen. Sie richtet sich an die Betroffenen und ihre Zugehörigen, die mit sehr unterschiedlichen Verlusten konfrontiert sind. Sie verläuft über einen unter Umständen sehr langen Zeitraum. Birkholz spricht von Lebens- und Trauerbegleitung. Und sie erfordert eine selbstreflektierende und kritische Auseinandersetzung mit dem Phänomen Demenz.

## Erschwerte Trauer

Die erschwerte Trauer kann alle Trauerreaktionen einer normalen Trauer beinhalten. Allerdings sind die Reaktionen möglicherweise intensiver, länger anhaltend, bleiben für mehr als ein Jahr bestehen und/oder beeinflussen die psychische, soziale und physische Leistungsfähigkeit.

**MÖGLICHE URSACHEN** einer erschwerten Trauer können sein:

- Tod eines Kindes;
- Todesart: plötzlicher, unerwarteter Tod, beispielsweise aufgrund eines Herzinfarkts oder Unfalls, Suizid, Mord, Amoklauf, Sterbeprozess, der durch Leiden geprägt war, z. B. schlechtes Schmerz- und Symptommanagement, psychisches, soziales und spirituelles Leiden;
- zusätzliche Belastungen: viele Verlusterlebnisse in kurzer Zeit, ältere, unverarbeitete Trauer, Scheidung, Umzug, Kinder, die das Elternhaus verlassen,

andere kranke Familienmitglieder, finanzielle Belastungen, Verlust des Arbeitsplatzes;
- Einschränkung der eigenen Gesundheit: psychische Erkrankung, Suchterkrankung etc.;
- wenig soziale Ressourcen, keine oder nur wenig Unterstützung durch das soziale Netzwerk;
- wenig bis keine sinnstiftenden Ressourcen, kein kulturelles, religiöses, spirituelles tragendes Sinnsystem;
- Verlust eines Menschen, dessen Tod nicht bestätigt ist; der »vermisst« ist.

### WEITERE UNTERSCHEIDUNG:

- **verdeckte/versteckte Trauer**: Hinterbliebene sind sich nicht bewusst, dass Verhaltensweisen, die normale Abläufe beeinträchtigen, auf die Trauer zurückzuführen sind. Die Verhaltensweisen können sein: aggressives und/oder gewalttätiges Verhalten, Kauf-, Sex-, Spiel- und Drogensucht und weiteres selbstgefährdendes Verhalten wie beispielsweise riskantes Autofahren.
- **verzögerte Trauer**: normale Trauerreaktionen, die unterdrückt oder auf später verschoben werden. Hinterbliebene vermeiden bewusst oder unbewusst den Schmerz des Verlustes. Häufig beobachtet an jung verwitweten Menschen, die ganz pragmatisch arbeiten gehen müssen, um die Familie zu ernähren, und gleichzeitig die Kinder erziehen. Ein schnelles Eingehen einer neuen partnerschaftlichen Beziehung kann auch auf eine Verdrängung des Trauerprozesses hinweisen.
- **aberkannte /tabuisierte/entrechtete Trauer**: Diese Trauer kann nicht offen gelebt werden, sie wird gesellschaftlich sanktioniert. Beispielsweise wegen einer tabuisierten Todesursache (Angehörige von verstorbenen Menschen mit Demenz, Abtreibung, »stille

Geburten«, Tod im Drogenmilieu, AIDS-Tod etc.) oder wegen einer tabuisierten Partnerschaft, wie beispielsweise bei homosexuellen Paaren und Affären.

## Verlängerte oder andauernde Trauerstörung

Für die erschwerte Trauer wurde lange der Anspruch gehegt, diese nicht zu pathologisieren. Trotzdem zeigt sich in der Praxis, dass es einige Trauernde gibt, die nach einem definierten Zeitraum Schwierigkeiten haben, sich nach einem Verlust zurechtzufinden. Sie finden mit der Diagnose »verlängerte Trauerstörung« (VTS) im Katalog der Anpassungsstörungen des ICD-11 (11. Version der internationalen statistischen Klassifikation der Krankheiten und verwandter Gesundheitsprobleme) Gehör. Eine erste systematische Überprüfung und Metaanalyse der Prävalenz der verlängerten Trauerstörung (VTS) von Lundorff und Mitarbeitenden legt nahe, »dass jeder zehnte hinterbliebene Erwachsene einem VTS-Risiko ausgesetzt ist.«[136]

In den letzten Jahren wurden einige Begriffe dafür wie »pathologische Trauer« und »komplizierte Trauer« verwendet. 2009 prägten Prigerson und Mitarbeitende den Begriff der verlängerten/andauernden Trauer. Das Ergebnis der Untersuchung von Lundorff und Mitarbeitenden unterstreicht, wie wichtig es ist, die betroffenen Hinterbliebenen zu identifizieren und ihnen Behandlung anzubieten[137].

### Die Studienlage ist dünn

Leider gibt es bis heute wenig repräsentative Ergebnisse und es sind weitere Forschungen dazu erforderlich. Holly Prigerson und Paul Maciejewski greifen in ihrer Stellungnahme von 2022 zu »Prolonged grief disorder« (Verlängerte Trauerstörung) in »The Lancet Psychiatry« folgendes Ergebnis einer Studie von Hinterbliebenen in den USA auf: Die Studienteilnehmenden wurden nach ihrer Einstellung und ihren Gefühlen gegenüber einer diagnostizierten verlängerten Trauerstörung befragt. 130 (96 Prozent) von 135 Hinterbliebenen sagten aus, sie seien »erleichtert« zu wissen, dass sie nicht verrückt werden würden, und ebenso erleichtert, dass sie ein erkennbares Problem hätten. Die Forschenden formulieren des Weiteren dazu, dass »die Diagnose einer verlängerten Trauerstörung hilfreich sein kann, da sie trauerbezogene Disstress- und Funktionsbeeinträchtigungen erkennt.« Auch kann die verlängerte Trauerstörung mit gleichzeitigen und zukünftigen Depressionen und Suizidalität verbunden werden.

Prigerson führt weiter aus, dass sie zudem ein Risiko für andere gesundheitliche Beeinträchtigungsfolgestörungen sei, beispielsweise für körperliche Schmerzen, für die Verschlechterung des allgemeinen Gesundheitszustands, der Vitalität und der sozialen Funktion in Ausübung der Rollen im Alltag. Die Folgestörungen und Beeinträchtigungen, die sich in den ausgewerteten Daten zeigten, beweisen, dass es eine pathologische Reaktion zu einem Trauerfall geben kann und damit die Aufnahme in die Klassifizierung im ICD 11 gerechtfertigt ist.[138]

## Als Definition aufgenommen

Seit 2022 ist die »verlängerte Trauerstörung« (prolonged Grief Disorder) in die ICD-11 für Mortalitäts- und Morbiditätsstatistiken (MMS) aufgenommen. Dort wird sie so beschrieben: »Eine verlängerte Trauerstörung ist eine Störung, bei der nach dem Tod eines Partners, eines Elternteils, eines Kindes oder einer anderen Person, die den Hinterbliebenen nahestand, eine anhaltende und tiefgreifende Trauerreaktion auftritt, die durch Sehnsucht nach dem Verstorbenen oder anhaltende Beschäftigung mit dem Verstorbenen gekennzeichnet ist, begleitet von intensivem emotionalem Schmerz (z. B. Traurigkeit, Schuldgefühle, Wut, Verleugnung, Schuldzuweisung, Schwierigkeiten, den Tod zu akzeptieren, das Gefühl, einen Teil von sich selbst verloren zu haben, die Unfähigkeit, eine positive Stimmung zu erleben, emotionale Gefühllosigkeit, Schwierigkeiten, sich an sozialen oder anderen Aktivitäten zu beteiligen). Die Trauerreaktion hat über einen atypisch langen Zeitraum nach dem Verlust angehalten (mindestens sechs Monate) und übersteigt eindeutig die erwarteten sozialen, kulturellen oder religiösen Normen für die Kultur und den Kontext der Person. Länger andauernde Trauerreaktionen, die im kulturellen und religiösen Kontext der Person innerhalb eines normativen Zeitraums der Trauer liegen, werden als normale Trauerreaktionen angesehen und nicht diagnostiziert. Die Störung verursacht eine erhebliche Beeinträchtigung in persönlichen, familiären, sozialen, schulischen, beruflichen oder anderen wichtigen Funktionsbereichen.«[139]

Tatsächlich sehen wir in der Praxis in Einzelbegleitungen und Trauergruppen eine Häufung Betroffener, die an einer verlängerten Trauerstörung leiden. Genau hier können erfahrene und vernetzte Trauerbegleitende mit ihrem Know-how die Trauernden begleiten und präventiv gegen zukünftige Depressionen und Suizidalität sowie chronische Schmerzsyndrome u.Ä. wirken.

Die Symptome der verlängerten/anhaltenden Trauerstörung sind nicht durch pharmakologische Therapien für Depressionen behandelbar und werden auch nicht dafür empfohlen. Die Diagnostizierung ist erforderlich, wenn die Symptome über mehr als sechs Monate anhalten.

## Anpassungsstörung

Eine Anpassungsstörung kann nach einer entscheidenden Lebensveränderung oder nach belastenden Lebensereignissen eintreten (zum Beispiel durch den Verlust einer nahestehenden Person). Die Anpassungsstörung ist zeitlich befristet und tritt üblicherweise innerhalb eines Monats nach der Belastung (in unserem Beispiel: nach dem Tod) auf und bildet sich meist innerhalb von sechs Monaten zurück. Charakterisiert wird die Anpassungsstörung durch eine Mischung von depressiven Symptomen, Angst und Sorge. Sie beeinträchtigt im Allgemeinen die sozialen Funktionen und Leistungen.

### ANPASSUNGSSTÖRUNG NACH MAERCKER:

- »Präokkupation (gedankliches Verhaftetsein) wie übermäßiges Grübeln, wiederkehrende und belastende Gedanken oder anhaltende Sorgen.

- Anpassungsschwierigkeiten zeigen sich in einem Interesseverlust gegenüber der Arbeit, dem sozialen Leben und der Beziehung zu Anderen.
- Die Betreffenden können unter Konzentrations- und Schlafproblemen leiden und erleben Symptome der Angst, Vermeidung, Depression- oder Impulskontrolle«[140]

Die Anpassungsstörung als vorübergehendes Phänomen ist in der Trauer häufig in unterschiedlicher Ausprägung anzutreffen.

## Kennzeichen einer verlängerten Trauerstörung

Eine verlängerte Trauerstörung besteht länger als sechs Monate nach dem Tod. Die Trauerreaktion ist deutlich ausgeprägter, als gesellschaftliche oder kulturelle Normen es erwarten lassen. Sie äußert sich in einem sehr schweren und anhaltenden Verlangen, verbunden mit einer starken Sehnsucht nach der verstorbenen Person sowie mit gedanklichem Verhaftetsein an den Verstorbenen oder die Todesumstände. Dies löst einen starken Trennungsstress aus und wird als ein starkes Sehnen nach der verstorbenen Person erlebt. Häufig ist der Trennungsstress verbunden mit dem Wunsch, mit der verstorbenen Person wieder vereint zu sein.[141]

Nach Prigerson und Mitarbeitenden müssen die trauernden Personen fünf oder mehr der folgenden Symptome täglich oder in einer sehr stark ausgeprägten Form erleben. Diese müssen in der Folge zudem zu deutlichen Beeinträchtigungen des täglichen Lebens und Funktionierens führen:

**KOGNITIVE, EMOTIONALE SYMPTOME** und soziales Verhalten und soziale Handlungen.

»Unsicherheiten bezüglich der eigenen Rolle im Leben oder das Gefühl, das eigene Leben habe keinen Sinn mehr (z.B. das Gefühl, ein Teil von einem selbst sei gestorben).

1. Schwierigkeiten, den Tod zu akzeptieren.
2. Vermeiden von Erinnerungen, die mit dem Verlust in Zusammenhang stehen.
3. Unfähigkeit, anderen seit dem Verlust zu vertrauen.
4. Verbitterung und Wut im Zusammenhang mit dem Verlust.
5. Schwierigkeiten, das eigenen Leben fortzuführen (z. B. neue Beziehungen einzugehen, eigene Interessen zu verfolgen).
6. Emotionale Taubheit seit dem Verlust.
7. Das Gefühl, dass das eigene Leben seit dem Verlust unerfüllt, leer und bedeutungslos geworden ist.
8. Nicht glauben können, dass jemand tot ist, und Schock durch den Verlust.

Die Störung verursacht klinisch relevante Einbußen psychischen Funktionierens in sozialen Bereichen, im Beruf oder in anderen wichtigen Lebensbereichen.«[142]

### ZUSÄTZLICH

- »Verbitterung über den Verlust.
- Schwierigkeiten, den Verlust zu akzeptieren.
- Ein beeinträchtigtes Identitätsgefühl oder Selbst (-konzept), z. B. das Gefühl, ein Teil von einem selbst ist gestorben.
- Vermeidung von Erinnerungsanlässen, den Verlust betreffen«[143] (Differenzialdiagnostik).

»Die Beeinträchtigungen können nicht als Folgen oder Symptome einer Depression, Generalisierten Angststörung oder Posttraumatischen Belastungsstörung diagnostiziert werden.«[144]

# Trauerbegleitung bei diesen Trauerstörungen

Spezifische Ansätze haben sich bisher noch nicht durchgesetzt. Es wird eher auf traditionelle Trauerbegleitungsansätze gesetzt, verbunden mit Methoden aus der Krisenintervention, kognitiven Verhaltenstherapie und weiteren supportiven Methoden. Vor allem Achtsamkeitsübungen können helfen, das Schicksal zu akzeptieren.

Das Schicksal anzunehmen, bedeutet eine aktive Zustimmung: Wir stellen uns der Realität. »Akzeptieren bedeutet nicht, zu resignieren oder gutzuheißen, sondern sich zu öffnen, anzuerkennen, zuzulassen und anzunehmen, was ist.«[145] Auch gibt es einige ausgearbeitet Manuale für die Trauerbegleitung bei verlängerter/anhaltender Trauerstörung.

## Mögliche Begleitungsansätze

- **Zeitliche und örtliche Begrenzung** sind hilfreich: »Grübel-Stopp« erlernen mit verhaltenstherapeutischen Interventionen, beispielsweise mithilfe eines »Grübel-Stuhls«: Werden die Trauernden mitten im Tun wieder von Sorgen überschwemmt, können sie zu sich sagen »Hey, liebe Sorgen, gerade passt es nicht so gut, aber um 16.30 Uhr haben wir eine Verabredung. Wir setzen uns dann auf den Stuhl und dann könnt ihr richtig loslegen«.
- **Weiteres kognitives Training**: Die Gedankenunterdrückung funktioniert nicht, ein anderer Umgang muss gefunden werden. Beispielsweise mit der Vorstellung, die Sorgen auf einer Wolke abzulegen, damit sie vorbeifliegen, dass man am Mischpult steht und den Sound der Sorgen verändert, dass man die Sorgen in Luft- oder Seifenblasen legt und beobachtet, wie sie leicht davonschweben. Auch hilfreich ist, die Stimme (innerer Kritiker) der Sorge zu verändern.

- »**Journaling**« – Tagebuch schreiben hilft, die Gedanken zu ordnen und den Blick auf das Erlebte zu verarbeiten, indem es die Perspektive verändert und zu Stressminderung beiträgt[146]. Hier drei Tipps zum Starten:
  - drei Dinge aufschreiben, für die man dankbar ist;
  - die Geschichte seines Lebens in sechs Wörtern erzählen;
  - drei Wünsche aufschreiben.

**Das Erlebte schaut mich im Schreiben noch einmal an, mit einem anderen Blick.**

Herta Müller

- Stabilisierung durch **Stärkung der eigenen Ressourcen und Kraftquellen** und deren Nutzung auch durch Achtsamkeitsübungen. Achtsamkeit bedeutet Gegenwärtigkeit, präsent sein, und ist die Fähigkeit, ein Bewusstsein dafür zu entwickeln, was in der eigenen Person passiert. Es bedeutet, Gefühle, Gedanken und Empfindungen zu beobachten, ohne darüber zu urteilen;
- **Reframing** = neue Deutungsmöglichkeiten anbieten (s. S. 165);
- **kognitive Defusion** durch den Wechsel der Beobachterperspektive, der eigenen subjektiven Beobachtungen und Interpretationen: »Ich denke gerade – ich bin nicht …« »Kognitive Defusion soll von Verstrickungen mit den eigenen Gedanken und Gefühlen befreien«[147];
- der **»innere sichere Ort«:** Wo finde ich einen Ort für mich (siehe Notfallkoffer: Tresorübung, s. S. 181);
- der **»leere Stuhl«** (s. S. 156) bzw. »Zwei-Stühle-Dialog«;

- **narratives Berichten** über den Verstorbenen und über die gemeinsame Beziehung sowie das gemeinsame Leben lässt den Hinterbliebenen eine neue Ebene in der Beziehung zum Verstorbenen finden.[148] Es geht um eine Bedeutungsrekonstruktion (Sinnfindung, Nutzenfindung und fortschreitender Identitätswechsel). Dies kann die Auswirkungen anderer Risikofaktoren abmildern, wobei der Schwerpunkt auf den Merkmalen des Hinterbliebenen und der Beziehung zum Verstorbenen liegt.[149] Die Beziehungen bzw. Bindung zum Verstorbenen wird »neu geschrieben/erzählt«, dabei erkennen die Trauernden ihre eigene Biografie, ihre Geschichte wie einen roten Faden, wie auch im Kapitel »Posttraumatisches Wachstum« (s. S. 39) beschrieben;
- **kreativer Ausdruck der Gefühle** beispielsweise durch Malen, Arbeiten mit Stein etc.;
- **Information und Aufklärung** über Sterbeprozesse, Trauer und Trauerprozesse;
- **Abbau von Vermeidungsverhalten** mit folgender Fragestellung: »Wie hilfreich ist es für mich, dieses oder jenes zu tun bzw. nicht zu tun« [150] und beispielsweise einer »Kosten-Nutzen-Analyse«.[151]

Folgende Verhaltensweisen und Symptome können auf einen erschwerten Trauerprozess und auf psychische Erkrankungen hinweisen und brauchen ein therapeutisches Setting:

## Trauer und Depression

Trauer und Depression sind nicht dasselbe! Es gibt Ähnlichkeiten und Unterschiede zwischen trauerverwandten und trauerunabhängigen einzelnen depressiven Episoden.[152] Die Major Depression wird in der

## Vergleich von Trauer und Depression[266]

| Trauer | Depression |
|---|---|
| • natürliche Reaktion nach einem Verlust.<br>• Die Trauer tritt in Wellen auf, ausgelöst durch einen Verlust.<br>• Tränen<br>• wechselnde Stimmungen, Gedanken und Bedürfnisse<br>• gewisse Ablenkbarkeit aus der niedergedrückten Stimmung<br>• kann mit positiven Emotionen und Humor durchsetzt sein<br>• Auseinandersetzung mit dem Verlust, Sinnsuche und Beschäftigung mit Spiritualität<br>• Prozess mit dem Ziel, den Verlust zu begreifen, Formen des Erinnerns zu entwickeln und in einem neu organisierten Alltag zu leben<br>• Trauererleben nimmt mit der Zeit ab<br>• nicht begleitet von durchdringenden Gefühlen von Wertlosigkeit und Selbsthass<br>• Ablösung unter Erhalt von Wertschätzung sowie Neuorganisation und Neuintegration im Alltag | • krankheitswertige Störung<br>• Grund für negative Stimmungsänderung bleibt dem Beobachter oft nachhaltig verborgen bzw. Eindruck der Unverhältnismäßigkeit (Diskrepanz zwischen der Reaktion des Depressiven und der Situationsbeurteilung der Umgebung)<br>• gleichbleibend niedergedrückte Verfassung<br>• keine Ablenkbarkeit aus der gedrückten Stimmung<br>• schleichende Verschlechterung oder typisches Morgentief<br>• Gefühl der Gefühlslosigkeit, keine Tränen, inhaltsleere Traurigkeit<br>• Schutzmechanismus vor überfordernden Reizen, der gegenüber dem Erleben abstumpft<br>• Gefühl der Wertlosigkeit, Selbstentwertung bis Selbsthass<br>• Rückzug, und Selbstisolation aus Schamgefühl,<br>• Suizidgedanken und Suizidgefahr<br>• Vernachlässigung der eigenen Person<br>• Verweigerung normaler Anforderungen<br>• langandauernde Ess- und Schlafstörungen |

»Internationalen Klassifikation der Krankheiten und verwandter Gesundheitsprobleme«, Revision 11 (ICD-11), beschrieben. Unterschiede und Auswirkungen von Trauer und Depression zeigt die Tabelle (s. oben).

Alle Anzeichen und Symptome einer Depression müssen ernst genommen werden. Sie können den Trauerprozess erschweren und brauchen fachliche Unterstützung. Auch können Ereignisse und weitere

Stressoren in der Trauer eine depressive Episode auslösen, vor allem bei Menschen mit einer Depression in der Vorgeschichte. Eine Überweisung zum psychiatrischen Facharzt zur Abklärung kann immer hilfreich sein.

**FRAGEN, DIE EINE DEPRESSION ERKENNEN HELFEN:**

- Können Sie sich noch freuen?
- Fühlen Sie sich seelisch und körperlich elend, letztendlich ohne ausreichenden Grund?
- Fällt es Ihnen schwer, Entscheidungen zu treffen?
- Haben Sie das Interesse an Dingen verloren, die Ihnen zuvor viel bedeuteten?
- Neigen Sie vermehrt zum Grübeln?
- Quält Sie das Gefühl, Ihr Leben sei sinnlos geworden?
- Fühlen Sie sich müde, schwunglos, abgeschlagen – und zwar ohne ersichtlichen Grund?
- Haben Sie gravierende Selbstzweifel?[153]

Auf der Website der Deutschen Depressionshilfe sind die Symptome einer Depression aufgeführt. Dort finden Sie ebenfalls einen Selbsttest (siehe Empfehlungen der Autorinnen S. 195).

### Trauerbegleitung bei Depression

Eine zusätzliche Trauerbegleitung kann gemeinsam mit therapeutischer Unterstützung Halt geben. Weitere Begleitansätze siehe oben.

## Traumatische Trauer/ Posttraumatische Belastungsstörung

»Ein Trauma (griech.: Wunde) ist ein belastendes Ereignis oder eine Situation, die von der betreffenden Person nicht bewältigt und verarbeitet werden kann. Es ist oft Resultat von Gewalteinwirkung – sowohl physischer wie psychischer Natur.[154]

Nicht alle emotionalen Erfahrungen haben die gleiche Intensität und damit auch nicht die gleiche Wirkung. Eine traumatische Erfahrung ist ein Ereignis außerhalb des üblichen Rahmens. Es ist die extremste, intensivste Erfahrung, die man machen kann und die bei fast jedem ein deutliches Leid verursacht.[155]

## MÖGLICHE TRAUMATISIERENDE SITUATIONEN:

- »Bedrohung für Leib und Leben (im direkten Erleben oder in Zeugenschaft);
- schwerer körperlicher Schaden/Verletzung (im direkten Erleben oder in Zeugenschaft);
- absichtlicher Verletzung/Schädigung ausgesetzt zu sein (im direkten Erleben oder in Zeugenschaft);
- wiederholte oder extreme Konfrontation mit aversiven Details (z.B. verstümmelten menschlichen Körpern, Details von Kindesmissbrauch etc.);
- gewaltsamer oder plötzlicher Verlust einer geliebten Person;
- Beobachtung von Gewalt gegen eine geliebte Person oder die Information darüber;
- Information darüber, dass man selbst einem gesundheitsschädigenden Stoff ausgesetzt war;
- Schuld haben am Tod oder an der schweren Schädigung anderer«.[156]

**Merke:** Aufgrund der unterschiedlichen individuellen Erwartungshaltung und Stressverarbeitung kann ein und dasselbe Ereignis unterschiedlich traumatisch sein.

Aus diesem Erleben kann sich nach einiger Zeit schleichend eine Traumafolgestörung (chronische Stressverarbeitungsstörung) entwickeln. Die Diagnose der posttraumatischen Belastungsstörung wird in unterschiedlichen Ausgaben der »Internationalen statistischen Klassifikation der Krankheiten und verwandter Gesundheitsprobleme« (ICD-10 und ICD-11) sowie der 5. Auflage des »Diagnostic and Statistical Manual of Mental Disorders« (DSM-5) dargestellt. Die Begutachtung von Traumafolgestörungen ist eine sehr komplexe Aufgabe.

**WEITERE MÖGLICHE REAKTIONEN** bei traumatisierten Menschen:

- physische Reaktionen wie z. B. Zittern, Schwitzen, erhöhte Herzfrequenz, erhöhter Blutdruck, Gefühl der Atemnot, Schüttelfrost;
- emotionale Reaktionen wie z. B. Hilflosigkeit/Orientierungsverlust, Gereiztheit/Aggression, Erschöpfung, Niedergeschlagenheit;
- Wiedererleben (Intrusionen, Flashbacks);
- Überschwemmung durch einströmende Sinneseindrücke;
- Übererregung oder Erstarrung;
- Vermeidung von Erinnerung, von Orten, Menschen, Situationen etc.;
- Angstzustände;
- Dissoziationserleben (Flucht nach innen);
- kognitive Reaktionen wie z. B. Sprachschwierigkeiten, Gedächtnisverlust (Amnesie), Entscheidungsschwierigkeiten, Konzentrationsprobleme;
- dauerhafte Erschütterung des Selbst- und Weltbildes.[157]

Oft werden die Symptome auch durch eine unbewusste Reaktivierung des Traumas (Flashbacks) ausgelöst, wenn z. B. eine dem Trauma ähnliche Situation (Trigger = Auslöser von Flashbacks) auftaucht oder davon erzählt wird. Wegen der schleichenden Entwicklung einer möglichen Traumfolgestörung mit Symptomen einer posttraumatischen Belastungsstörung ist es wichtig, bei Trauer nach Todesfällen durch Unfall, Suizid, Mord oder Amokläufe aufmerksam zu bleiben.

Anfängliche Symptome wie Reizbarkeit, Wutausbrüche, emotionale Taubheit, Alpträume und Konzentrationsprobleme können auf eine sich entwickelnde chronische Stressverarbeitungsstörung hinweisen. Zusätzlich geben Vermeidungsverhalten, intensive Erinnerung in Form von Flashbacks oder Intrusionen wichtige Hinweise auf die Traumafolgestörung. Dass Trauerbegleitende einen »Notfallkoffer« mit entsprechenden Übungen (innerer sicherer Ort, Tresorübung, etc.) zur Hand zu haben ist elementar und gibt Sicherheit.

**ÜBERLEBENDE EINES TRAUMAS** pendeln zwischen

- Amnesie und Wiedererleben (Intrusion),
- Dürrezeiten ohne Gefühle und intensiven überwältigenden Gefühlen,
- Aktionshemmung und gereizter impulsiver Aktion.

## Trauerbegleitung bei Trauma-Erfahrung

Eine frühe Erkennung und Behandlung der verlängerten Trauerstörung ist notwendig, da die Folgeerkrankungen wie beispielsweise Depressionen und Posttraumatische Belastungsstörung daraus hervorgehen kann. Alle Anzeichen und Symptome einer posttraumatischen Belastungsstörung (PTBS) müssen ernst genommen werden. Sie können den Trauerprozess erschweren und müssen fachlich behandelt werden. Es muss abgeklärt werden, ob es sinnvoll ist, eine Trauerbegleitung weiter anzubieten, da das Erzählen über den Verlust Flashbacks triggern kann.

Hier sind klare Grenzen zur Therapie zu ziehen und es gilt, sich als Trauerbegleitende abzugrenzen! Es gibt fachlich versierte Trauerbegleitende, die in der Trauma-Begleitung weitergebildet sind. Eine zusätzliche Trauerbegleitung kann gemeinsam mit therapeutischer Unterstützung Halt geben.

**MIT EINFÜHLUNG UND DISTANZIERUNG** für sich selbst kann es dort um Folgendes gehen:

- Beruhigung, Zuhören, Geduld;
- Haltgeben – verlässliche Beziehung anbieten;
- Sicherheit/Kontrolle, Schutzräume ermöglichen;
- Erklärungen geben;
- Handlungsfähigkeit;
- Entlastung;
- Anerkennen;

- Verändern und Integrieren;
- Selbstwirksamkeit unterstützen und Ressourcen fördern;
- Übungen anbieten zum Grounding und zur Selbstberuhigung; Selbstvertrauen stärken.[158]

> **Sie erleben eine normale Reaktion auf unnormales Erleben.**
>
> Ruth Dalheimer

## EMDR (Eye Movement Desensitization and Reprocessing)

Dr. Francine Shapiro (Psychologin und Forscherin, 1948–2019) entdeckte zufällig die Wirksamkeit von Augenbewegungen gegen belastende Gedanken. Sie entwickelte eine standardisierte Methode, die es ermöglicht, die durch die Traumatisierung häufig fragmentierten Erinnerungsinformationen zusammenzubringen, durchzuarbeiten und gleichzeitig die dem Selbstwertgefühl entstanden Verletzung kognitiv neu zu bewerten.[159] Die Vorgehensweise wird bei der EMDR-Methode in acht Phasen unterteilt:

- **Phase 1**: Trauma-spezifische Diagnostik
- **Phase 2**: Körperliche, soziale und psychische Stabilisierung
- **Phase 3**: Fokuswahl und Bewertung
- **Phase 4 bis 7**: Trauma-Bearbeitung
- **Phase 8**: Prüfung

Hofmann schlägt auch für die verlängerte Trauerstörung ein Protokoll für die Vorgehensweise vor.[160] Die Wirksamkeit der EMDR-Methode ist durch eine Reihe kontrollierter Studien belegt. Die Fachgesellschaft EMDRIA Deutschland ist die einzige anerkannte Organisation zur Qualitätssicherung der EMDR-Methode.

# Störende psychiatrische Probleme

Probleme wie Manien, Psychosen und Schizophrenien gehören in die Hände von Fachpersonal. Entsprechend der Erkrankung gibt es auffällige Verhaltensweisen, beispielsweise lautes Rufen, Halluzinationen, aggressives Verhalten gegenüber anderen sowie selbstverletzendes Verhalten.

Für Trauerbegleitende ist es wichtig, sich ein entsprechendes Netzwerk aufzubauen, Telefonnummern zu kennen und entsprechend der Verhaltensauffälligkeit eine Akutversorgung einzuleiten.

# Trauergruppen

Trauergruppen sind ein beliebtes und verbreitetes Angebot für Trauernde. Gleichzeitig fragen viele Trauernde gezielt nach Trauergruppen. In einer Trauerbegleitung mit Einzelgesprächen sieht sich ein Trauernder einem Trauerbegleitenden gegenüber. Ganz anders ist es in einer Trauergruppe. Hier erleben sich die Trauernden in einer Gemeinschaft mit mehreren Trauernden, und dieser Gemeinschaftsaspekt ist wesentlich. Es hilft den Trauernden, Teil einer Gruppe von Menschen zu sein, die verstehen, denen es auch so geht, von denen man Anregungen erhalten und annehmen kann, eben weil sie in der gleichen Lage sind.

## Was bringen Trauergruppen?

Aus den vielen Erfahrungen mit Trauergruppen waren die wesentlichen Rückmeldungen der Teilnehmenden zu dem, was ihnen die Gruppe gebracht hat, folgende:

- »Raum und Zeit für meine Trauer haben.«
- »Mit Menschen zusammen sein, die mich verstehen.«
- »Einen geschützten Raum haben, in dem ich so sein kann, wie ich bin, in dem ich weinen und alles sagen kann. Ich muss keine Sorge haben, dass mein Gegenüber überfordert ist.«
- »Die Treffen der Trauergruppe waren wie ein Anker, der mir Sicherheit gab über diese Zeit.«

- »Ich kann einfach kommen, muss nichts denken oder organisieren. Ich komme in den Raum und setze mich hin. Alles ist vorbereitet, der Raum ist gestaltet, in der Mitte stehen Blumen, Kerzen. Ich muss mich um nichts kümmern.«
- »So unterschiedlich wir sind, wir alle waren gleich akzeptiert.«
- »Es tat so gut, sich zugehörig zu fühlen.«
- »Austausch und Anregungen – wie gehen andere mit der Trauer um?«

Für die Leitung gilt es, einen Rahmen zu schaffen, damit sich solch ein Raum entwickeln kann. Dabei geht es nicht vorrangig um Methoden oder Theorien, sondern vielmehr um die Atmosphäre. »Der Trauernde braucht keine Methode, er braucht einen Menschen, der in der wachsenden Isolierung seines Schmerzes mit ihm solidarisch ist.«[161] Nicht die Methoden stehen im Mittelpunkt, sondern die Trauernden. Und das heißt häufig: Weniger ist mehr.

»Auch eine Frau, die zu einer Trauergruppe geht, ist nicht therapiebedürftig oder trauert pathologisch, sondern sie kommt in die Gruppe, um sprechen, klagen, schluchzen zu dürfen, um Trauer zulassen und anschauen zu dürfen, bevor sie losgelassen wird.«[162]

Das gilt aus unserer Sicht zunächst grundsätzlich für jeden Menschen, der eine Trauergruppe besucht. Und was das genannte Ziel des Loslassens von Trauer angeht, würden wir mittlerweile eher von einer Veränderung der Trauer und einer Integration ins Leben reden.

Jede Gruppe ist anders, alle Teilnehmenden gestalten den Raum maßgeblich mit. Wie offen, wertschätzend, wertfrei ist der Umgang miteinander? Wie die Teilnehmenden miteinander umgehen, ist bedeutsam für die Qualität der Trauergruppe, weil so Vertrauen, Sicherheit und das Gefühl von Akzeptanz und Verstandensein entstehen kann. Wenn die Teilnehmenden in der Gruppe erleben: »Ich bin okay, wie ich bin. Es ist okay, wie ich fühle, was ich denke, was ich tue, was ich nicht tue«, erst dann können sie sich für ihren Prozess der Trauer, für Wandel und Veränderung und Selbstreflexion öffnen. So können sie sich in einer völlig veränderten Realität an sich selbst annähern.

# Die Gruppe

Eine Gruppe ist eine Grundform des sozialen Lebens. Eine Gruppe ist gekennzeichnet durch folgende Eigenschaften:

- Sie besteht aus drei bis ca. 20 Mitgliedern;
- sie hat eine gemeinsame Aufgabe bzw. ein gemeinsames Ziel;
- es gibt die Möglichkeit der direkten Kommunikation;
- ihre Lebensdauer beträgt ca. drei Stunden bis viele Jahre;
- es entsteht ein Wir-Gefühl;
- sie hat gemeinsame Normen und Werte;
- Sie besteht aus einem Geflecht aufeinander bezogener Rollen, die auf das Gruppenziel ausgerichtet sind.[163]

# Gruppendynamik

Im Unterschied zu einem Vorstandstreffen einer großen Firma steht in einer Trauergruppe die innere Umwelt jedes Einzelnen im Vordergrund: Bedürfnisse, Gefühle, Verhalten, Einstellungen und Haltung, Werte, Normen und frühe Prägungen, Beziehungsebene sowie Ziele sind bewusste und unbewusste Antreiber in der Gruppe und erzeugen die »Gruppendynamik«. Der entstehende »Gruppenprozess« sorgt für die Bewegung in der Gruppe.

## Bedürfnisse

Die Bedürfnispyramide von Maslow (1943)[164] zeigt auf, welche Bedürfnisse von Menschen erst befriedigt werden müssen, damit diese sich entfalten können. Für eine Trauergruppe sind folgende Bedürfnisse von Wichtigkeit:

- Bedürfnis nach Sicherheit (Wohnen, Arbeitsplatz, gutes Auskommen);
- soziale Bedürfnisse (Gruppenzugehörigkeit, Freundschaft, Liebe);
- individuelle Bedürfnisse (Ich-Bedürfnisse).

**BEDÜRFNIS NACH SICHERHEIT** Die Gruppenleitung muss mit der Gruppe den Schutz jedes Einzelnen gewährleisten, beispielsweise mit einer Verschwiegenheitserklärung, der jedes Gruppenmitglied zustimmt.

**SOZIALES BEDÜRFNIS** nach Zugehörigkeit: das Erarbeiten und der Abgleich der gemeinsamen Gruppenregeln. Wertschätzendes, offenes und wertfreies Miteinander haben einen unermesslichen Wert. Die Gruppe kann zusammenwachsen und sich öffnen. Ein Gefühl von Kohärenz kann entstehen. Mehr dazu im Kapitel »Resilienz« (s. S. 32).

**ICH-BEDÜRFNISSE** (Wertschätzung, Achtung): in der Gruppe gekennzeichnet als Integrität und Anerkennung meiner Situation, mich als Person wie auch meines persönlichen Wertesystems. Auch da sind die gemeinsam erarbeiteten Gruppenregeln von enormer Wichtigkeit. Die Haltung unterstützt die Entwicklung zu einem neuen Selbst im Bezug auf die Welt als individuelle Persönlichkeit und zur Aktualisierung der lebensgeschichtlichen Erfahrung (Tod eines geliebten Menschen). Die Gruppenleitung hat die Aufgabe, die Gruppenregeln einzuführen, darüber zu wachen, dass sie beachtet werden, und bei einem Verstoß zu intervenieren. Hilfreich kann hier für ein besseres Verständnis das Riemann-Thomann-Kreuz-Modell sein. Demnach gibt es vier Pole für die individuell ausgeprägten Grundbedürfnisse des Menschen oder die »vier Himmelsrichtungen der Seele«.

**»VIER HIMMELSRICHTUNGEN DER SEELE«:**

- Bedürfnis nach **Nähe**: Harmonie und Geborgenheit;

dem gegenüber steht das

- Bedürfnis nach **Distanz und Abgrenzung**: Unabhängigkeit, Autonomie, Ruhe und Individualität,
- Bedürfnis nach **Dauer und Beständigkeit**: Ordnung, Regelmäßigkeit, Kontrolle;

dem gegenüber steht das

- Bedürfnis nach **Abwechslung**: Spontanität, Kreativität und Wandel im Leben.[165]

Als Leitung nehme ich die Bedürfnisse der einzelnen Gruppenmitglieder war und gebe ihnen entsprechend Raum (Bedürfnis nach Abgrenzung) oder Kontakt (Bedürfnis nach Nähe). Wir wählen verschiedene Methoden (Bedürfnis nach Abwechslung) bei den Gruppentreffen und führen zudem feste Rituale und Abläufe (Bedürfnis nach Beständigkeit) ein.

## Gefühle

Gefühle treiben uns an, blockieren und können verwandelt werden. Die wichtigste Arbeit in Trauergruppen ist der Umgang mit Gefühlen (siehe NURSE S. 20). Die Leitung hat die Aufgabe, einen sicheren Raum zu schaffen, Gefühle zu erkennen, zu benennen und gemeinsam mit der Gruppe einen kreativen Ausdruck der Gefühle zu erarbeiten. Gefühle können sich durch ihren Ausdruck verändern!

## Verhalten

Das Verhalten kann konkret beobachtet werden und ist veränderbar. Hilfreich dafür sind die Feedbackebene und Verträge (Gruppenregeln). Hier kann der Ansatz der Themenzentrierten Interaktion nach Ruth C. Cohn unterstützend für die Leitung von Gruppen sein.

> **Es geht ums Anteilnehmen**
>
> Ruth C. Cohn

**THEMENZENTRIERTE INTERAKTION** nach Ruth C. Cohn:

- Sei dein eigener Chairman;
- »Ich bin für mich selbst verantwortlich und nehme sorgend Anteil am Anderen, ohne mich zu dessen Retter zu machen und ohne ihn einzuengen«;
- Störungen haben Vorrang. Es wird für etwas im Augenblick wichtigeren Platz gemacht und das vorbereitete Thema rückt in den Hintergrund;

- »Ich« statt »man« oder »wir«. Alle können nur für sich selbst sprechen;
- authentisch sein/bleiben;
- keine Interpretationen, stattdessen persönliche Reaktionen (eigene Gedanken und Gefühle ausdrücken;
- keine Verallgemeinerungen;
- Körpersignale beobachten, um besser zu erfahren, welche Bedürfnisse und Gefühle im Augenblick bei einem selbst bestehen.[166]

## Rollen

Wir alle sind Rollenspieler und nehmen in Gruppen sofort Rollen ein. Soziale Rollen werden definiert durch die Erwartungen der Bezugsgruppen und Personen. So gehen Rollenspieler immer von den Erwartungen aus, von denen sie glauben, dass sie an sie gestellt werden. Diese Erwartungen nennt man Erwartungserwartungen (Quelle für Missverständnisse!).

In Gruppen werden automatisch Rollen eingenommen: Jemand achtet immer auf Harmonie, ein anderer verbreitet gute Laune, jemand sorgt für Gerechtigkeit und Ausgleich und eine andere ist die Rebellin. Jeder Mensch hat einen bevorzugten Verhaltensstil. Es ist wichtig, verschiedene Angebote für die verschiedenen Persönlichkeiten anzubieten. Die einen sind eher extrovertiert, die anderen eher introvertiert, die einen eher aufgabenorientiert, die anderen eher beziehungsorientiert.

**WENN ES IN DER GRUPPE KNIRSCHT** Raoul Schindler geht typischen Gruppenkonflikten durch sein Rangdynamik-Modell auf den Grund. Das Modell macht sichtbar, dass aus gruppendynamischer Sicht Verhaltensweisen und Aktionen von Einzelnen und deren Rollen vor dem Hintergrund der Gruppe interpretiert werden müssen.

Die Gruppenleitungen können sich folgende Fragen stellen: »Wofür stehen die jeweiligen Positionsinhaber?«, »Welche Funktion haben sie in der Gruppe?«, »Was erledigen sie stellvertretend?«.[167]

## Haltungen und Einstellungen

Haltungen und Einstellungen sind nicht leicht veränderbar und weniger offensichtlich. Heimliche Ressentiments und Vorbehalte werden oft nicht geäußert. Diesbezüglich eine Klärung herbeizuführen ist in Trauergruppen nicht passend. Die Leitung hat mit ihrer Haltung von Akzeptanz, positiver Wertschätzung und Empathie Vorbildfunktion und kann den Gruppenmitgliedern als Modell dienen.[168]

## Werte, Normen und frühe Prägungen

Hier befindet sich das ganze Spektrum der tief in der Persönlichkeit verankerten Selbstkonzepte. Für die Trauernden dreht es sich hier um die Fragen: »Wer bin ich?«, »Was will ich?«, »Was kann ich?« Auch die Klärung von Werten als Kompass für »Wofür soll mein Leben stehen« können überdacht und neu definiert werden.

Den Raum für die Selbstreflexion zu schaffen ist Aufgabe der Leitung. Die Gruppe kann Gestalt durch die eingebrachten Themen finden. Zudem sind die zwischenmenschlichen Begegnungen und der Austausch extrem wichtig. Alle Beiträge sind authentisch. Es kann die »Gruppe als Spiegel« für den Einzelnen wirken.

## Beziehungsebene

Auch hier fungiert die Leitung als Vorbild und hat die Aufgabe, verlässlich, beständig und vertrauenswürdig zu agieren. Aus der Transaktionsanalyse (s. S. 149) hilft die Grundposition »Ich bin okay – du bist okay« als Haltung und Vorbildfunktion.

## Ziele

Es gibt Gruppenziele und individuelle/persönliche Ziele jedes Einzelnen in der Gruppe.

**BEISPIELE AUS DEM ZIEL-POOL DER GRUPPE:**

- sich gegenseitig in schweren Zeiten stützen;
- Austausch mit Gleichgesinnten;
- Anregungen für Aktivitäten;
- Umgang mit Nicht-Trauernden.

**INDIVIDUELLE/PERSÖNLICHE ZIELE:**

- den Trauerschmerz überwinden;
- einen neuen Lebenspartner oder eine neue Lebenspartnerin finden;
- Ratschläge zu bestimmten Lebenssituationen erhalten.

Grundsätzlich ist es wichtig, Ziele gemeinsam zu klären, auch um Irritationen und Störungen entgegenzuwirken. Wir beobachten, dass es für Trauernde schwierig ist, persönliche Ziele für die Trauergruppe zu definieren. Vielmehr ist es eine diffuse Erwartungshaltung, in der die Gemeinschaft mit anderen Trauernden im Vordergrund steht.

## Gruppenprozess

Eine natürliche Entwicklung in der Gruppe bewegt sich zwischen den Polen Integration und Differenzierung unter folgenden Aspekten:

- Spannung – Entspannung;
- Harmonie – Konflikte;
- Arbeitsfähigkeit: hoch – niedrig;
- Zufriedenheit – Unzufriedenheit;
- Fremdsteuerung – Selbststeuerung in Bezug zur Leitung.[169]

Das heißt, es gibt für jedes Gruppenmitglied und für die Gesamtgruppe Zeiten mit Höhen (Sternstunden) und Tiefen (Abgründen) im Erleben. Eine Entwicklung in die Richtung des einen Pols scheint Gegenkräfte zu aktivieren, die eine Wende herbeiführen. Die Gruppenleitung darf Vertrauen in das Entwicklungspotential und in die Eigenkräfte der Gruppe haben und muss nicht sofort gegensteuern: Die Gruppe kann sich selbst aus dem Tief steuern und ein Wechsel von einem Pol zum anderen ist normal.

## Phasen der Gruppenentwicklung

Die Gruppenentwicklung kann in Phasen eingeordnet werden:

1. Orientierung → Pol: Integration;
2. Positions- und Rollenklärung → Pol: Differenzierung;
3. Vertrautheit und Konsolidierung → Pol: Integration;
4. Differenzierung → Pol: Differenzierung;
5. Abschluss → Pol: Integration.

In diesen Prozessphasen können bestimmte Aufgaben der Leitung zugeordnet werden[170]:

### 1. Anfangs- und Orientierungsphase

*Situation der Trauergruppenleitung:*
Spürbarer Druck durch hohes Verantwortungsgefühl, Überforderung, Angst und Erwartung dessen, was die Gruppenmitglieder erwarten könnten. Wie wird der erste Abend mit vielen Todesberichten, Trauerschmerz etc. gelingen? Die Trauergruppenleitung möchte Last abnehmen und nichts übersehen. Kann ich allen Erwartungen standhalten? Werde ich als Leitung akzeptiert?

*Aufgaben der Trauergruppenleitung:*

- Sicherheit geben durch Vorbereitung des Raumes, eigene Vorbereitung, Begrüßung und eigene namentliche Vorstellung, Vorstellen der Örtlichkeiten (Raum, Garderobe, Toiletten etc.), einzelner eintreffender Teilnehmenden, gemeinsamen Start mit Vorstellungsrunde gestalten, Klärung und

Orientierung geben durch Gruppenregeln; Rahmen geben durch Gesprächszeiten, festes Anfangs- und Abschlussritual einführen etc.;

- die Trauergruppenmitglieder in ihre eigene Verantwortung nehmen: »Ich bin mein eigener Anwalt ...«;
- dem Druck standhalten – Haltung finden durch folgenden Satz mit entsprechender Atmung: »Setze dich nicht unter Druck. Tu deine Arbeit, so gut du kannst, aber lass dich nicht von andern hetzen«;[171]
- vorbereitet sein und flexibel bleiben (siehe unten).

*Haltung der Trauergruppenleitung:*
»Ich kläre mit euch den Rahmen und die Ziele und unterstütze euch je nach Situation durch geeignete Maßnahmen.«

Es hat sich bewährt, vorbereitet zu sein, ein bestimmtes Thema für den Abend gewählt, Texte, Übungen etc. dazu mitgebracht und einen Ablauf überlegt zu haben. Wenn bei den Teilnehmenden der Trauergruppe ein anderes Thema als das vorbereitete virulent ist oder sich ein Austausch länger gestaltet, aber sehr angeregt ist, dann heißt es für die Leitung, flexibel zu sein, das vorbereitete Programm anzupassen oder zu verschieben.

Wenn man noch wenig Erfahrung in der Leitung von Trauergruppen hat, kann das Angst machen, schließlich gibt der vorbereitete Ablauf Sicherheit.

Folgende Gedanken mögen dann hilfreich sein: Es geht nicht darum, die perfekte Trauergruppenleitung zu sein, ich darf unsicher sein und auch mal danebenliegen. Auch wenn die Teilnehmenden Trauernde sind, darf ich Ihnen etwas zumuten und zutrauen. Das Ziel ist die Unterstützung der Trauernden auf ihrem individuellen Trauerweg, nicht der perfekte Gruppenabend.

## 2. Phase der Positions- und Rollenklärung

*Situation der Trauergruppenleitung:*
Wie reagiere ich auf unterschiedliche Erwartungen der Teilnehmenden? Wie ermutige ich zum Sprechen oder wie begrenze ich Vielrednerinnen

und -redner? Gibt es jemand, der mich nicht als Leitung akzeptiert und/ oder sich ständig einmischt (Einfluss nehmen möchte)? Bin ich der Anforderung gewachsen?

*Aufgaben der Trauergruppenleitung:*

- Information und Klärung der Erwartungen und Ziele einer Trauergruppe;
- erinnern an Gruppenregeln;
- alle im Blick haben und eventuell direkt ansprechen;
- Wissen über Gruppenprozess und Gruppendynamik: Vertrauen haben in die Gruppe.

*Haltung der Trauergruppenleitung:*
»Ich sehe jeden Einzelnen von euch und schätze seine Besonderheit.«
Beispiel: Die Gruppenleitung hat alle Teilnehmenden im Blick.

- Hat sich jemand in einem Treffen noch gar nicht eingebracht, wird nachgefragt. »Frau H., mir fällt auf, dass Sie heute sehr schweigsam sind. Wie geht es Ihnen? Möchten Sie etwas sagen?« Wenn nicht, ist das in Ordnung.
- Jemand hat einen sehr großen Redebedarf; mit Blick auf die anderen Teilnehmenden kann es nötig werden, zu unterbrechen, achtsam und mitfühlend. »Frau S., ich nehme wahr, dass Sie sehr aufgewühlt sind, gibt es etwas, das Ihnen gerade helfen könnte?« Oder: »Frau S., mir scheint, dass Sie das Thema sehr aufwühlt und beschäftigt, ist das so? Würden es Ihnen helfen, wenn wir dem Thema gesonderten Raum gäben in einem nächsten Treffen?«
- Manchmal »verfangen« sich Trauernde in dem Redefluss, reden sich immer mehr in Rage, z. B. über die Zustände im Krankenhaus und im Gesundheitssystem allgemein. Hier ist es sogar hilfreich zu unterbrechen, evtl. durch eine gezielte Frage oder indem man das Gefühl benennt, das man wahrnimmt.

- Es kann vorkommen, dass die Trauernden in ihrem Erzählen vermeintlich ganz wegkommen von der Trauer. Sie erzählen vielleicht sehr ausführlich, was die Erben jetzt mit der Wohnung machen, wie die Vorhänge hängen, ob der Rollladen unten ist, wie sie ausräumen etc., die Tonlage ist vordergründig nüchtern. Dann kann es für die Leitung darum gehen, das Dahinterliegende zu suchen. »Kann es sein, dass es Sie schmerzt oder verletzt, die ›Fremden‹ in dieser Wohnung zu sehen? Wie erleben Sie es?«

### 3. Phase Vertrautheit und Konsolidierung

*Situation der Trauergruppenleitung:*
Nähe geben, ohne Teil der Gruppe zu werden.

*Aufgaben der Trauergruppenleitung:*
- den Rahmen halten;
- sich trauen, bei Bedarf gegenzusteuern;
- sich immer wieder die Rolle als Gruppenleitung bewusst machen, um die Balance zwischen Nähe und Distanz zu wahren.

*Haltung der Trauergruppenleitung:*
»Ich unterstütze eure Prozesse mit allem, was mir möglich ist.«

### 4. Phase der Differenzierung

*Situation der Trauergruppenleitung:*
Selbststeuerung der Gruppe weiter fördern und auf das Potenzial der Gruppe vertrauen

*Aufgaben der Trauergruppenleitung:*
- der Gruppe Zeit geben zur Entfaltung.

*Haltung der Trauergruppenleitung:*
»Ich bin da, wenn ihr mich braucht, und ich erkenne eure Ressourcen. Daher scheue ich mich nicht, Konflikten und Problemen Raum zum Wandeln zu geben.«

## 5. Phase der Trennung und des Abschieds

*Situation der Trauergruppenleitung:*
Sehr heikle Situation in Trauergruppen, da das Verlassenheitsgefühl einzelner Trauernder wieder getriggert werden könnte. Unsere Erfahrung zeigt, dass dem letzten Gruppenabend deshalb besondere Bedeutung zukommt. Sehr wachsam sein, für die Aufarbeitung der Reste sorgen, nichts Neues beginnen und Abschied schon früh ankündigen.

*Aufgaben der Trauergruppenleitung:*

- Abschied gestalten durch »Abschlussfeier« bzw. ein Abschiedsritual;
- Reflexion über die gemeinsame Zeit: Was hat sich verändert? Was nehme ich mit?; Wo stand ich am Anfang der Gruppe, wo stehe ich jetzt?
- Ausblick anregen: Was nehme ich mir vor? Was gehe ich an? Was möchte ich versuchen?
- Auch etwas mitzugeben, sozusagen ein Erinnerungsstück an die gemeinsame Zeit, kann einen Abschluss positiv gestalten: eine gestaltete Karte mit einem besonderen Text, eine kleine Perle oder ein kleines Steinchen für den Geldbeutel, ein Symbol auf Papier, aus Stoff oder einem anderen Material, ein gestaltetes Lesezeichen. Manchmal hilft auch die Anregung, mit den Gruppenmitgliedern in Kontakt zu bleiben, wenn sie das möchten, ganz selbstbestimmt.

*Haltung der Trauergruppenleitung:*
»Hebamme« sein ins neue Leben.

# Geschlossene und offene Trauerangebote

Es gibt verschiedene Arten, Trauernden ein Gemeinschaftserlebnis mit anderen Trauernden zu ermöglichen. Die Bedürfnisse der Trauernden sind dabei sehr unterschiedlich. Manche wollen sich in einen Gruppenprozess begeben mit immer denselben Teilnehmenden (geschlossene Gruppen). Anderen ist dieses intensive Gruppenerleben zu viel oder sie wollen sich nicht so festlegen. Sie möchten lieber von Mal zu Mal entscheiden, ob sie an der Gruppe teilnehmen (offene Trauerangebote – Trauer-Cafés). Für wieder andere reicht ein punktuelles Gemeinschaftserleben wie bei Wanderungen oder Kreativ-Angeboten.

Wenn es möglich ist, unterschiedliche Gemeinschaftserlebnisse anzubieten, können sich die Trauernden mit ihren unterschiedlichen Bedürfnissen wiederfinden.

## Geschlossene Gruppen

Von geschlossenen Trauergruppen sprechen wir, wenn beispielsweise ab dem zweiten Treffen keine neuen Teilnehmenden mehr dazukommen. In solch einem geschlossenen Setting kann ein Gruppenprozess erfolgen. Die Teilnehmenden lernen sich immer besser kennen, das Vertrauen kann wachsen und damit auch die Offenheit. Auch »heikle« Themen können so irgendwann angesprochen werden, z.B. dass der verstorbene Partner ein Doppelleben hatte, von dem die Trauernde erst nach dessen Tod erfahren hat. Für die Behandlung eines solchen Themas braucht es viel Vertrauen in die Gruppe.

Eine Zahl von acht bis zehn teilnehmenden Trauernden hat sich aus unserer Sicht bewährt.

Auch Bödiker und Theobald halten eine Gruppegröße von sieben bis zehn Personen mit zwei Trauerbegleitenden für ein bewährtes Modell. Sie weisen auch darauf hin, dass auch mit größeren Gruppen erfolgreich gearbeitet werden kann, es dann aber sehr erfahrene Leitungen braucht.[172] Verschiedene Varianten sind denkbar. Es kann guttun, eingetretene Pfade zu verlassen und Neues auszuprobieren.

**ZUSAMMENSETZUNG:**

- **homogen auf den Verlust bezogen**: Trauer um Partnerin oder Partner, Trauer um die Eltern, Trauer um die Geschwister, Trauer um Freunde, Trauer um Kinder u. a.
- **homogen auf das Alter bezogen**: junge Erwachsene, Kinder, Jugendliche, junge Witwen oder Witwer mit nicht erwachsenen Kindern, die noch zu Hause wohnen, ältere Witwen oder Witwer, Trauernde ab 50 Jahren, junge verwaiste Eltern, Trauernde, die um ein erwachsenes Kind trauern u. a.
- **Gender**: Trauergruppen für Frauen, für Männer u. a.

Bödiker und Theobald scheint es günstig, relativ homogene Gruppen zu bilden, was den Verlust und dessen Zeitpunkt angeht.[173] Diesbezüglich haben wir allerdings im Erwachsenenbereich eine langjährige und gute Erfahrung mit heterogenen Gruppen – z. B. mit Trauernden ab Mitte/Ende 20, die um Partnerin/Partner, Eltern, Geschwister oder Freundinnen/Freunde trauern. Manche Verluste liegen erst wenige Monate zurück, andere schon Jahre. Gleichzeitig haben wir aber auch die Erfahrung gemacht, dass homogene Gruppen sehr sinnvoll sein können und von manchen Trauernden bevorzugt werden. Nicht selten ist es eine Frage der Kapazität der Trauerbegleitenden und der Nachfrage von Trauernden, wie differenziert die Gruppen angeboten werden können.

Bei der Trauer um ein Kind halten wir homogene Gruppen für angeraten, auch in der Unterscheidung von jungen verwaisten Eltern sowie Eltern, die um ein erwachsenes Kind trauern. Trauerangebote für Kinder und für Jugendliche werden oft nach Alter definiert – bis zwölf Jahre und ab 13 Jahren. Bei der Todesart Suizid raten wir zu speziellen Trauergruppen für Zugehörige nach Suizid.

**VORGESPRÄCH FÜHREN?** Wir haben gute Erfahrungen damit gemacht, ein Vorgespräch vor der Teilnahme an einer geschlossenen Trauergruppe zu führen. Bödiker und Theobald halten dies für unverzichtbar.[174] Monika Müller hält es für hilfreich, um die Erwartungen der Trauernden abzuklären.[175]

Wir teilen diese Ansicht durchaus. Nicht selten wenden sich Trauernde an uns mit dem Wunsch nach Teilnahme an einer Trauergruppe. Im Gespräch stellt sich dann heraus, dass eine Gruppe im Moment noch zu viel wäre und es eher um Einzelbegleitung geht, wobei vielleicht zu einem späteren Zeitpunkt eine Trauergruppe anstehen könnte. Aber auch hier gibt es nicht den Königsweg. Es gibt auch gute Erfahrungen mit Trauergruppen ohne diese Vorgespräche.

**ANZAHL DER GRUPPENTREFFEN** Bödiker und Theobald halten zehn bis zwölf Gruppentreffen hintereinander für einen Grenzwert, danach reiße der Spannungsbogen.[176]

Wir haben bisher mit acht oder neun Gruppentreffen von jeweils zwei Stunden alle 14 Tage gute Erfahrungen gemacht. Wöchentlich scheint uns zu eng, zu dicht. Monatlich ist für manche Trauernde zu wenig, gerade in der sehr intensiven Trauerzeit. Für andere Trauernde ist monatlich genau richtig.

Zu klären ist auch die Frage, ob es nach der Teilnahme an der Trauergruppe weitere Angebote gibt. Ist es möglich, an einem zweiten Trauergruppen-Zyklus teilzunehmen? Gibt es Möglichkeiten für Austausch und gemeinsame Aktivitäten für Trauernde, die nach der Teilnahme an einer geschlossenen Trauergruppe weiterhin Kontakt zu anderen Trauernden wünschen?

## Offene Trauerangebote – Trauer-Cafés

Bei offene Trauergruppen oder Trauer-Cafés werden Termine angeboten, an denen Trauernde teilnehmen können. In der Regel ist keine regelmäßige Teilnahme verpflichtend vorgesehen und es können jederzeit neue Trauernde dazukommen. Der Vorteil ist, dass allen Trauernden zu jeder Zeit ein Gruppenangebot gemacht werden kann, im Unterschied zu geschlossenen Trauergruppen mit beschränkter Kapazität.

Manche bitten um vorherige Anmeldung, manche lassen die Teilnahme ganz offen. Davon anhängig ist die Vorbereitung mit mehr oder weniger Unsicherheit verbunden. Wenn ich weiß, wer kommt und wie viele, kann das Vorbereitung (Raum, Getränke etc.), Themenauswahl und

Ideenfindung für Methoden erleichtern. Ist es dagegen ganz offen, ist ein sehr flexibles Konzept notwendig.

Ähnlich wie bei geschlossenen Gruppen ist es hilfreich, ein Anfangs- und ein Abschlussritual zu haben, Beispiele finden sich im Kapitel »Rituale« (s. S. 141) und in der Toolbox (s. S. 176). Das gibt einen Rahmen und eine Struktur. Ist die Gruppe immer wieder anders zusammengesetzt, ist eine Vorstellungsrunde bei jedem Treffen sinnvoll.

So vielfältig wie die Trauernden und ihre Bedürfnisse sind, dürfen auch die Trauergruppenangebote sein.

## Weitere Trauerangebote

Ausdrucksformen ohne Worte, mit allen Sinnen – über die Sprache erreichen wir oft nicht alles, was uns bewegt, die Worte fehlen. Für manche ist der sprachliche Ausdruck mühsam, ungewohnt oder er ist ihnen auch nicht mehr möglich.

**WANDERN** mit anderen Trauernden ist für viele Trauernde sehr unterstützend, ganz besonders, wenn die Wanderungen an den Wochenenden stattfinden. Die Wochenenden sind für viele Trauernde schwierig: Es gibt keine Alltagsroutinen, Ruhe kehrt ein, man hat Zeit. Besonders für Menschen, die ihre Partnerin oder ihren Partner verloren haben, ist das Alleinsein sehr schmerzhaft.

Vieles ist beim Wandern hilfreich: die Bewegung in der Natur, der Austausch im Gehen (»en passant«), Gespräche können sich zufällig entwickeln. Es kann auch geschwiegen werden, es kann vom Plaudern zum tiefen Gespräch und wieder zurückgehen, die Gesprächspartnerinnen und -partner können wechseln. Man geht nebeneinander her und sitzt sich nicht gegenüber. Das kann es erleichtern, sich für andere zu öffnen.

Es hat sich bewährt, zwischendurch Rituale durchzuführen und/oder Texte zu lesen.

Vorbereitung ist wichtig:

- Die Strecke vorab abgehen – wie lang ist sie, wie viel Zeit wird sie in Anspruch nehmen? Ist es eine Wanderung oder ein Spaziergang? Wie gut zu

Fuß müssen die Teilnehmenden sein? Soll es eine Einkehr in einem Gasthaus geben oder gibt es ein Picknick mit selbst mitgebrachten Essen? Gibt es am Ende die Möglichkeit einzukehren? Soll dazu ein Tisch reserviert werden?

- Wo gibt es Toiletten?
- Wer darf mitwandern? Nur die Trauernden oder auch Begleitperson? Dürfen Kinder mitwandern? Was ist mit Hunden?
- Eine Anmeldung hat sich bewährt, um die Gruppengröße zu steuern und Fragen zu klären.
- Eine aussagekräftige Beschreibung mit Start, Ziel, Dauer und grober Wegstrecke sollte bereits in der Einladung bekanntgeben werden. Es hilft bei der Entscheidung, ob die Trauernden den Weg bewältigen können und an diesen Ort gehen möchten.
- Welche Trauerbegleitenden wandern mit? Bei zehn bis zwölf Trauernden sind drei Begleitpersonen günstig.
- Was ist bei schlechtem Wetter?
- Kosten.

**KREATIV SEIN** Malen, Collagen erstellen, Töpfern, (intuitives) Schreiben, Tanzen, Trommeln, Yoga, Singen, Klettern – der Kreativität sind keine Grenzen gesetzt.

Ein schönes Beispiel für gemeinsames Aktivsein in traurigen Zeiten sind die Erlebnistage für Kinder und Jugendliche des Kinder- und Jugendhospiz Stuttgart »Glückliche Augenblicke«.
Vorbereitung ist wichtig:

- Gibt es einen passenden Raum?
- Wie soll/muss der Raum gestaltet werden?
- Anmeldung – ja oder nein?
- Vorheriges Kennenlerngespräch – ja oder nein?
- begrenzt Zahl von Teilnehmenden?
- Wie viele Trauerbegleitende sollten dabei sein?
- Kosten? Teilnahmegebühr oder spendenbasiert?

## Der zeitliche Rahmen

Generell hat sich für uns eine Begrenzung der Teilnahmedauer bewährt. So könnte bei Wanderungen eine Teilnahme auf zwei Jahre begrenzt werden, bei einem offenen Trauertreff auf ein Jahr und bei einer Trauergruppe auf zwei Zyklen.

Monika Müller drückt es so aus: »Die Begrenzung beugt auch einem möglichen Verharren in der so wärmenden Gruppe vor.«[177] Wir begleiten die Trauernden eine begrenzte Zeit, um sie darin zu unterstützen, sich in einem drastisch veränderten Leben gut einzufinden.

## Unsere Rolle als Gruppenleitung

Hilfreich dabei ist ein Dreieck wie in der Abbildung rechts, in dem sich Leitungen und Teilnehmende gleichermaßen bewegen.

Wir halten es für besonders wichtig, alle Trauerangebote im Zweierteam anzubieten. Die Gruppenleitungen achten auf die Einhaltung der Regeln, die mit der Gruppe vereinbart wurden. Sie bereiten die Treffen vor, indem sie Ablauf und evtl. Themenschwerpunkt konzipieren und entsprechende Methoden wie Texte, Übungen, Imaginationen etc. dazu auswählen. Dabei ist ihnen bewusst, dass der geplante Ablauf an die konkrete Bedürfnislage der Gruppe angepasst wird. Sie gestalten den Raum ganz praktisch mit Blumen, Kerzen, einer definierten Mitte oder auch nicht, immer aber bewusst und bedacht.

Haben die Trauergruppenleitungen dann noch Vertrauen in die Selbstheilungskräfte der Einzelnen und die Dynamik der Gruppe, ist es noch entlastender: Als Leitende begleiten wir, machen Angebote, geben Anregungen – was die Trauernden damit anfangen, wie es auf sie wirkt und was es bei ihnen bewirkt, können wir höchstens erahnen, aber wir dürfen darauf vertrauen, dass der Trauerprozess damit unterstützt wird.

# Ablauf einer geschlossenen Trauergruppe

Der Ablauf bezieht sich auf eine geschlossene Trauergruppe mit zweistündigen Treffen. Vieles kann aber auf offene Trauergruppenangebote übertragen oder angepasst werden.

## Vorbereitung

- Wie wollen Sie sitzen? Im Stuhlkreis oder an Tischen?
- Möchten Sie eine Mitte gestalten? Es könnte auch ein Tisch oder eine Ecke gestaltet werden. Was passt für Sie als Leitung?
- Wie soll die Mitte gestaltet werden, was wird dafür benötigt? Blumen, Kerzen, Tücher, Symbole?
- Wenn Kerzen eingesetzt werden, dürfen Feuerzeug oder Streichhölzer nicht fehlen.
- Ausreichend Papiertaschentücher,
- Namensschilder,
- evtl. Stift und Papier.
- Sind Getränke vorhanden? Sollen die Teilnehmenden sich selbst etwas mitbrigen?
- Soll es eine Adressliste geben? Hier ist zu klären, ob alle damit einverstanden sind. Man kann es aber auch einfach der Dynamik der Gruppe überlassen, ob Kontaktdaten ausgetauscht werden.
- Wie können die Leitungen erreicht werden, wenn ein Termin abgesagt werden muss o.Ä.?

## Das erste Treffen

Im Zentrum steht das Kennenlernen und Miteinander-vertraut-Werden. Die Leitungen stellen sich vor. Sie geben Informationen über die Räumlichkeiten (Toiletten, Getränke usw.) und über den Ablauf (Beginn, Ende,

Pausen). Hier kann auch geklärt werden, ob die Anfangs- und Endzeiten passen. Vielleicht müssen manche Teilnehmende die Bahn erreichen oder haben noch weitere Termine. Es ist hilfreich, Regeln für das Miteinander einzuführen (siehe Regeln für unsere Trauergruppe, Toolbox S. 176).

Wenn all das geklärt ist, beginnt das Kennenlernen der Teilnehmenden. Um darauf einzustimmen, kann ein Text gelesen oder eine kleine meditative Besinnung angeboten werden mit Fragen wie »Wie war der Weg hierher?«, »Wie ging es mir, als ich mich auf den Weg zur Trauergruppe gemacht habe?«, »Wie war das Betreten des Raums?«, »Welche Gedanken und Gefühle waren da?«, »Wie geht es mir jetzt?«, »Was möchte ich erzählen?«, »Möchte ich etwas erzählen?«

Jetzt ist Raum für das Vorstellen der Trauernden und deren Geschichten. Das kann verbunden werden mit dem Entzünden einer Kerze für die Verstorbenen: »Ich entzünde die Kerze für meinen Mann Ludwig, der im August 2022 gestorben ist.« Es muss keine Kerze sein – manche mögen keine Kerzen und in manchen Räumen dürfen keine entzündet werden. Es können z. B. auch Herzen, Steine, Perlen sein, die auf ein Tablett gelegt werden.

Meist benötigt die Vorstellung der Teilnehmenden viel Zeit, manchmal ist dazwischen eine Pause nötig.

Der erste Abend ist sehr dicht, schwer und sehr anstrengend für die Trauernden wie für die Leitungen. Nachdem alle Teilnehmenden erzählt haben, was sie an diesem ersten Abend erzählen wollten, ist oft nicht mehr viel Zeit für anderes. Man kann vielleicht noch einen Text vorlesen. Es kann hilfreich sein, eine Übung anzubieten, in der es darum geht, wieder bei sich zu sein, die fremden Emotionen abzugeben, abzuschütteln, nur das Eigene mitzunehmen.

Am Ende kann ein Abschlussritual stehen, mit dem jedes Treffen beendet wird. Das kann eine Körperübung sein, eine kleine Meditation oder ein Abschlusssegen.

**TIPP:** Für die Leitung empfiehlt es sich, die Übungen, Methoden, Texte, etc. zu verwenden, mit denen sie sich wohl und sicher fühlt. Das heißt nicht, dass man nicht auch mal etwas ausprobieren kann. Die Erfahrung zeigt einfach, dass es erfolgreicher ist, wenn man selbst wirklich dahintersteht, es zu einem passt.

## Mögliche Themen für Folgetreffen

Es kann mit der Frage beginnen: »Wie sollen die Treffen beginnen? Immer gleich? Mit einem bestimmten Ritual? Mit einer Einstimmung? Sollen jedes Mal die Kerzen angezündet werden oder die Steine auf das Tablett gelegt werden?«

Zumindest für das zweite Treffen ist es aus unserer Erfahrung notwendig, am Anfang eine Rückmelderunde zu öffnen: »Wie hat das erste Treffen nachgewirkt?«, »Wie erging es mir in der Zwischenzeit?«, »Was wurde angeregt oder auch verstärkt?« Selbstverständlich kann diese Rückmelderunde auch jedes Mal erfolgen.

Erst danach wird in das vorgesehene Thema eingestiegen, und das auch nur dann, wenn sich nicht ein anderes Thema aus den Rückmeldungen als vordringlich ergibt. Flexibel bleiben!

**DER TRAUER AUSDRUCK VERLEIHEN** »Was treibt Sie gerade besonders um?« Hier kann auf die verschiedenen Ebenen eingegangen werden – körperlich, emotional, materiell, sozial/gesellschaftlich, psychisch, spirituell.

**ALLE GEFÜHLE DÜRFEN SEIN** Als Einstimmung könnte z. B. der Text von Jorgos Canacakis über einen Gebirgssee genutzt werden, »Trauerhaus« aus der Trauerhaus-CD von Cornelia Gorenflo oder »Trauerweg« von Theobald Bödicker.[178]

**KLAGEN DÜRFEN** »Ich vermisse so sehr, dass …«, »Mir fehlt, dass …«, »Es schmerzt mich, dass …« Heinke Geiter nimmt diese Satzanfänge und ermuntert die Trauernden, die Sätze für sich zu vervollständigen. Sie greift dabei die Idee des Tränenkrugs auf.[179]

**SICH ERINNERN** »Wer war der/die Verstorbene?«: Fotos oder Gegenstände, die die Trauernden mit den verstorbenen Menschen verbinden, zur Hilfe nehmen. Und auch: »Wie geht es Ihnen mit dem Erinnern?«

**UMGANG MIT DEN »SACHEN« DER VERSTORBENEN** Muss ich alles wegräumen? Darf ich es wegräumen?

**SCHULD, SELBSTVORWÜRFE** Arbeiten mit vorgefertigten Sätzen, z.B.: »Es tut mir leid …«, »Ich trage schwer daran …«[180]. Es könnte eine Vergebungsmeditation eingesetzt oder angeregt werden, einen Brief an die Verstorbenen zu schreiben, in dem all das zur Sprache gebracht wird, was offengeblieben ist, was nicht gesagt, nicht besprochen, nicht getan wurde.

**GEDENKTAGE, TODESTAG, GEBURTSTAGE,** Hochzeitstag, Feiertage, ganz besonders Weihnachten und Silvester. Wie lassen sich diese Tage gestalten? »Wie achten Sie gut auf sich an solchen Tagen?«, »Wie viel Freiraum gestatten Sie sich?«, »Wie können Sie ihn sich schaffen?«, »Wie viel Rückzug benötigen Sie?«, »Können Sie kommunizieren, was Sie brauchen?«, »Wofür reicht Ihre Kraft?« (Pausen einplanen, Hinlegen, kein großes Programm), »Welche Strategie haben Sie, wenn es schwierig wird?«, »Was machen Sie, wenn …?«

**KRAFTQUELLEN** Woraus schöpfe ich Kraft, wie kann ich auftanken? Was bringt mir eine Auszeit vom Schmerz? Auch hier kann man die Trauernden bitten, Gegenstände mitzubringen, die symbolisch für ihre Kraftquellen stehen. Die Leitungen können aber auch in der Mitte verschiedene Gegenstände ausbreiten: Bücher, Seifen, Kissen, Musik-CDs, Sportschuhe, Malfarben, Yogamatte etc. Auch Imaginationen können eingesetzt werden z.B. »Dein heilsamer Paradiesgarten« von Roland Kachler.[181]

**WER BIN ICH OHNE?** »Zwei Bäume im Park« von Bödiker und Theobald als Textvorlage.[182] »Wo muss ich hineinwachsen?«, »Was fällt besonders schwer ohne den verstorbenen Menschen?«, »Was ist notwendig, um mit dem Verlust leben zu können?«

**SPUREN FINDEN** »Welche Spuren haben die Verstorbenen in ihrem Leben hinterlassen?«, »Was hätten Sie ohne sie nie erlebt, nie gewagt?«, »Was haben Sie zum Beispiel durch sie kennengelernt?«, »Was können Sie heute besser als in der Zeit, bevor Sie mit diesem besonderen Menschen zusammengekommen sind?«, »Was haben Sie gemeinsam geschaffen?«

**WO IST DER VERSTORBENE MENSCH JETZT?** Evtl. verschiedene Symbole und Bilder auslegen, aufhängen, die Trauernden daraus wählen lassen, welches Symbol am besten passt: Himmel, Sterne, Licht, Grab, Baum, Bach, Wiese etc. Auch die Imagination »Suchreise nach einem sicheren Ort für den Verstorbenen« von Roland Kachler[183] kann hier hilfreich sein.

Meist entwickelt sich das Treffen anders, als es sich die Leitungen vorgestellt haben. Dann heißt es, flexibel anzupassen und falls nötig eine Pause einzulegen, um sich innerhalb des Leitungsteams abzustimmen, wie es weitergehen soll. Und doch ist es gut, vorbereitet zu sein und noch andere Texte, Imaginationen, Körperübungen etc. als Sicherheit und Puffer dabeizuhaben.

Die Themen sind nicht abschließend und nicht alle sind für jede Gruppe gleich anwendbar. Jede Gruppe ist anders, hat andere Bedürfnisse. Für die Leitung bedeutet das, achtsam zu sein, hinzuhören, hinzuspüren und entsprechende Anregungen zu geben. Und ja, manchmal kommen die so wohlüberlegten Anregungen in der Gruppe doch nicht so an. Macht nichts, das passiert.

## Das letzte Treffen

Beim letzten Treffen geht es um den Abschied von der Gruppe und um ein Resümee. Es kann durch eine kurze Meditation eingeleitet werden – siehe Toolbox (s. S. 176). Zeit lassen, um auf die vergangenen Wochen und Monate zurückzublicken, um Abschied zu nehmen und um abzuschließen. Es kann auch noch um die Fragen »Was darf jetzt kommen?«, »Was möchte ich versuchen?«, »Was wünsche ich mir?« gehen.

Ein Ritual könnte ein Feuerritual sein, bei dem alles ins Feuer darf und verbrannt wird, was gehen und sich wandeln darf. Auch ein kleines Erinnerungsgeschenk kann zum Abschluss gehören.

Manchmal ergibt es sich, dass die Teilnehmenden vereinbaren, in Kontakt zu bleiben, sich wiederzusehen. Das kann sein, muss aber nicht.

Spätestens am letzten Abend sollten die weiteren Möglichkeiten aufgezeigt werden, also weitere Trauergruppe, andere Gruppenangebote, falls vorhanden.

## Beispiel für den Ablauf einer geschlossenen Trauergruppe über acht Abende um die Weihnachtszeit

| Abd. | Thema | Einstimmung | Hauptteil | möglicher Abschluss | In petto |
|---|---|---|---|---|---|
| 1 | **Erstes Kennenlernen**<br>Ich trauere um …<br>Ich bin hier mit meiner Geschichte … | **Kurzer Blick nach innen** (Meditation):<br>Wie bin ich hergekommen?<br>Wie kann ich jetzt hier sein? | 1. **Vorstellung der Leitung**, Umgang und Regeln, dann erst Einstimmung<br><br>2. **Teilnehmende** benennen ihre Trauer und erzählen aus ihrer Geschichte mit Kerzenrunde (sie entzünden ein Teelicht, sagen ihren Namen und um wen sie trauern) | **Körperübung**: Abgeben, was nicht zu mir gehört<br><br>**Abschluss-Segen** mit Verneigung | Trauerkarten-Set oder Postkarten<br><br>Text: »Du hast ein Recht auf Deine Trauer«[184] |
| 2 | **Mein Trauerweg**<br>Wie zeigt sich meine Trauer?<br>Wo stehe ich auf meinem Trauerweg? | 1. **Kerzenrunde** Nachfragen/Austausch: Wie ist es Ihnen letztes Mal ergangen?<br><br>2. **Vorbereitung Feuerritual**: Die Trauernden können auf Kärtchen schreiben, was sie gerne abgeben möchten, was sich ändern soll. Die Kärtchen werden in einer Box gesammelt und am letzten Abend in einem Feuerritual verbrannt. | **Text lesen**: »Mein Weg der Trauer«[185]<br><br>**Kärtchen auswählen**: Kärtchen mit vielfältigen Zuständen, Gefühlen, Situationen, Erfahrungen der Trauer sind ausgelegt. Teilnehmende schreiten sie ab und wählen die drei für sie typischsten aus.<br><br>**Austausch** in der Runde[186] | **Abschlussrunde** »Wie gehen Sie jetzt nach Hause?«<br>**Auf die Nutzung der Box hinweisen**, Gelegenheit zum Schreiben von Kärtchen geben.<br><br>**Abschluss-Segen** mit Verneigung | **Körperübung** »Gruß aus dem Qigong«<br>Imagination »Paradiesgartens«[187] |

| Abd. | Thema | Einstimmung | Hauptteil | möglicher Abschluss | In petto |
|---|---|---|---|---|---|
| 3 | **Die »Gefühlswolke« in der Trauer:** Alle Gefühle brauchen Raum.<br><br>**Vorbereitung auf Weihnachten** | **Musik abspielen**: »Die Blätter fallen« (Rainer Maria Rilke), gesungen von Gila Antara<br><br>anschließend **Kerzenrunde** | **Gefühle in der Trauer** Hinspüren: Wie fühlt sich Trauer an? Sammeln, evtl. an der Flipchart, anschließend Austausch zum Thema und Input (Achterbahn, Chaos, alles darf sein, was kann helfen?)<br><br>**Text lesen**: »Ein Engel im Advent«[188]<br><br>**Vorbereitung auf Weihnachten**, Wünsche und Anregungen | **Abschlussrunde** »Wie gehen Sie jetzt nach Hause?« **Hinweis auf die Kärtchen-Box**<br><br>**Abschluss-Segen** mit Verneigung | Impulskarten »Trauerarbeit«[189] |
| 4 | **»Die Lücke im Baum«** (siehe „Toolbox für Trauerbegleitende" auf Seite 176): Umgang mit Weihnachten und anderen Gedenktagen | **Aus ausgelegten Postkarten eine auswählen**, die der heutigen Stimmung entspricht<br><br>**Anschließend** Kerzenrunde | **Geschichte der Familie Bonhoeffer vorlesen** Wie ging es beim Zuhören?<br><br>Bewusster Umgang mit der Lücke – **Austausch**<br><br>**Überlegungen und Anregungen in Bezug auf Weihnachten**, Gedenktage bewusst gestalten | **Imagination** »Mein Blick zu deinem Stern«[190]<br><br>**Zum Mitgeben**: ein Marzipan-Stern<br><br>**Abschluss-Segen** | Gruß aus dem QiGong |

| Abd. | Thema | Einstimmung | Hauptteil | möglicher Abschluss | In petto |
|---|---|---|---|---|---|
| 5 | **Weihnachten und der Beginn eines neuen Jahres**: Wünsche, Hoffnungen, Sehnsüchte | **Kerzenrunde**<br><br>**Meditativer Rückblick**/Besinnung auf die Feiertage, wie wurden sie erlebt?<br><br>**Austausch** | **Text lesen:** »Nicht mehr – und noch nicht«[191]<br><br>**Wie ohne die Verstorbenen weiterleben** (Wünsche, Hoffnungen, Sehnsüchte, Ängste, Befürchtungen, Veränderungen …) | **Abschluss-Runde** »Wie gehen Sie jetzt nach Hause?«<br><br>**Glückskäfer** austeilen<br><br>**Abschluss-Segen** mit Verneigung | Text »In unseren Herzen«[192] |
| 6 | **Wer war der verstorbene Mensch für mich?** (mitgebrachte Gegenstände)<br><br>Was ist **offengeblieben**? | **Kerzenrunde** | 1. V**on den Verstorbenen erzählen** anhand der mitgebrachten für die Verstorbenen typischen Gegenstände oder Fotos.<br><br>2. Danach**: Was haben Sie geteilt, was ist offengeblieben?** Was hätten Sie gerne noch gesagt, getan, gehört, gefragt … | **Vorschlag**: Brief an den Verstorbenen – könnte am Ende auch ins Feuer gegeben werden.<br><br>**Abschluss-Segen** mit Verneigung | Trauerkarten-Set |
| 7 | **Umgang** mit Bedauern, Schuldgefühlen und Vorwürfen | **Kerzenrunde**<br><br>Was hat vom letzten Mal **nachgewirkt**?<br>Was lässt Sie nicht los?<br>Was **hindert** Sie daran, Ihren Frieden zu finden? | **Vergebungsmeditation**<br><br>**Austausch** in der Runde<br><br>**Vorschlag**: Brief an den Verstorbenen – könnte am Ende auch ins Feuer gegeben werden.<br><br>**Text lesen** »Ich danke dir« [193]<br>als Impuls für das Thema »Spuren/Abdruck« | **Hinweis auf Feuerritual**<br><br>Abschluss-Segen mit Verneigung | |

| Abd. | Thema | Einstimmung | Hauptteil | möglicher Abschluss | In petto |
|---|---|---|---|---|---|
| 8 | Welche **Spuren**/ welchen Abdruck haben die Verstorbenen hinterlassen? **Wo** stehe ich auf meinem **Trauerweg**? **Was hat sich verändert** und wie soll es weitergehen?<br><br>**Feuerritual** | **Kerzenrunde**<br><br>**Text** »Ich danke dir« noch einmal **lesen** | 1. **Was bleibt** von den Verstorbenen als Teil Ihres Lebens? Welche Spuren/welchen Abdruck haben sie hinterlassen? Was haben Sie Bleibendes von ihnen bekommen, mit ihnen geschaffen, durch sie gewagt …?<br><br>2. Zeit für Box und anschließend **Feuerritual** im Hof<br><br>3. **Besinnung**/ Reflexion auf die vergangenen vier Monate, was hat sich verändert? Was ist wichtig geworden? Was nehmen Sie mit? | **Weitere Angebote** des Hospiz Stuttgart<br><br>»Mitnimmsel« als **Erinnerung**<br><br>**Abschied »begehen«** (siehe Toolbox S. 176)<br><br>Abschluss-Segen mit Verneigung | |

# Methoden der Trauerbegleitung

Im Trauerprozess können verschiedene Methoden hilfreich sein, um die Auseinandersetzung mit dem Verlust zu unterstützen. Welche eingesetzt werden, ist abhängig von der Methodenkompetenz der Trauerbegleitenden. Dabei gibt es Methoden, die in der Trauerbegleitung essenziell sind, auch im Kapitel »Rituale« (s. S. 84) beschrieben, und von allen Trauerbegleitenden genutzt werden, sowie solche, die je nach Erfahrung und Vorliebe von den Trauerbegleitenden gewählt werden. Wesentlich ist, dass die Trauerbegleitenden mit der Methode sicher umgehen können und sie stimmig und passend ist. Häufig nutzt man Teilaspekte.

**Die Diversität des Trauerns bestimmt die Trauerbegleitung**

Hier eine kleine Auswahl verschiedener Methoden, die dazugehörigen Bücher zur weiteren Vertiefung finden Sie in der Literaturliste.

## Rituale

Indem wir ein Ritual feiern, kommen wir mit uns selbst und mit den heilenden Kräften unserer Seele in Berührung.[194]

## Bedeutung von Ritualen

Rituale stellen erprobte Anleitungen dar, die uns bei notwendigen Veränderungen und der Bewältigung von Krisen unterstützen. Steffen J. Gerz schreibt: »Ein Ritual lässt sich daher vereinfacht als eine nach klar festgelegten und vorgegebenen Regeln ablaufende, häufig auch feierlich-festliche Handlung mit hohem Symbolgehalt beschreiben.«[195] Er weist darauf hin, dass es sich eben durch jenen Symbolgehalt von einfachen Gewohnheiten unterscheidet. Ein Ritual unterscheidet sich auch von einer reinen Gewohnheit – auch, weil es nicht unbewusst oder mechanisch ausgeführt wird, sondern sehr bewusst, mit großer Präsenz und Hingabe. Die Klarheit der Regeln und des Ablaufs eines Rituals kann ein Stück Struktur und Ordnung schaffen, wenn das Leben aus den Fugen geraten ist. Rituale schaffen Verhaltenssicherheit und reduzieren Angst. Und sie ermöglichen den kontrollierten Umgang mit Emotionen: weil sie einerseits Ausdruck von Emotionen fördern und ihn andererseits auch begrenzen.[196]

### WAS MACHT EIN RITUAL ZU EINEM RITUAL?

- Es hat einen Anfang und ein Ende, eine zeitliche Begrenzung.
- Es läuft nach immer gleichen Regeln ab.
- Es wird nicht unbewusst ausgeführt, nicht mechanisch, sondern sehr bewusst, mit großer Präsenz und Hingabe.

»Rituale spielen in der Verlusterfahrung eine ganz wesentliche stabilisierende und heilsame Rolle.«[197]

### WORUM GEHT ES IN DER TRAUER?

- Abschiednehmen: entweder gemeinsam, wenn der Mensch noch lebt oder am Bett des Verstorbenen: Totenwache, Abschiedsfeier, Zu-Grabe-Tragen, Bestattung, Trauerfeier, »Leichenschmaus«;
- Realisieren, akzeptieren, dass es endgültig ist – er oder sie kommt nicht wieder;

- Schmerz und allen Gefühlen Raum geben, sich ausdrücken dürfen;
- erinnern und nicht vergessen;
- Gedenken, das Würdigen des Verstorbenen;
- verbunden bleiben, aber anders;
- sich neu (er)finden »ohne«;
- sich ablenken, um nicht »durchzudrehen«;
- Kraftquellen (wieder-)entdecken, weil Trauern Kraft kostet;
- sich selbst nicht vergessen, sich selbst wichtig sein: Essen/Trinken, Schlafen, Körperpflege, Bewegung.

## Wichtige Rituale in der Trauerbegleitung

- Alltagsrituale wie z. B., dass die Witwe bewusst anstelle ihres Mannes morgens die Zeitung aus dem Briefkasten holt. Diese kleinsten Handlungen können Struktur schaffen und stabilisieren;
- persönliche Rituale wie das Entzünden einer Kerze;
- familiäre Rituale, z. B. wie Feiertage oder der Todestag gemeinsam gestaltet werden;
- soziale und gemeinschaftliche Rituale – dazu gehören die Bestattung, Trauerfeier etc., Gedenkfeiern wie am Totensonntag oder auch Rituale im Rahmen von Trauergruppen.[198]

Vielleicht kennen die Trauernden keine Rituale, haben keine Erfahrungen damit oder sehr schlechte. Es sind Rituale nötig, die zur Person passen, die berühren. In der heutigen Zeit haben wir viele Möglichkeiten, Rituale, Feiern, Abschiede etc. zu gestalten. Wir sind nicht mehr an ganz bestimmte Vorgehensweisen und Traditionen gebunden. Wir können individuell wählen und selbst gestalten.

Vieles wird von Trauernden ganz intuitiv gemacht, auch wenn sie es nicht Ritual nennen. Manche Rituale lassen sich gut allein durchführen, für andere ist die Gemeinschaft gut – weil die Trauernden sich so verbunden und eingebunden fühlen können und es intensiver ist, wie z. B. die Gedenkfeiern.

Bestattungsunternehmen bieten eine Vielfalt von Möglichkeiten für Trauerfeiern, Beerdigungen etc. Diese Freiheit und Individualität können eine große Bereicherung sein, wenn die Trauernden wissen, was sie wollen – wenn sie spüren, was sie brauchen und was ihnen guttut.

Aber gerade das ist nicht so leicht in der Trauer. Besonders in der Trauer ist dieses Bewusstsein für die eigenen Bedürfnisse oft noch schwieriger und wechselt sehr schnell. Die Fragen nach »Was tut mir gut?«, »Was brauche ich?« lassen sich nur schwer beantworten. Gut, wenn die Trauernden auf bekannte und für sie stimmige Rituale zurückgreifen können. Und wenn nicht? Hier können u. a. Trauerbegleitende unterstützen. Rituale kann man selbst gestalten.

**WAS SOLL MIT DEM RITUAL ERREICHT** oder ausgedrückt werden?

- Sich erinnern?
- Sich verbinden?
- Gefühle ausdrücken?
- Abgeben, Gehen-Lassen?
- Vergeben, verzeihen, klären?

**HANDLUNG** – Aktivierung mehrerer Ebenen:

- Körper – Gesten/Bewegungen;
- Geist – Sprache, ausgewählte Formulierungen, Texte;
- Seele – innere Bilder, Symbole, Musik, Kunst.

**STRUKTUR:** Anfang – Handlung – Ende

**HALTUNG:** Bewusst, achtsam

Aus alltäglichen kleinen Handlungen können Rituale werden. Es muss weder immer lang noch aufwendig sein. Rituale können einmalig sein oder sich wiederholen. Wesentlich ist das bewusste Tun. Evtl. muss ein Ritual mit der Zeit angepasst werden.

## Beispiele für Rituale des Abschiednehmens

Vieles ist in diesem Bereich bekannt und folgt Traditionen.

**WENN DER MENSCH NOCH LEBT** und es möglich ist, ihn zu besuchen:

- Gemeinsame Kaffee- oder Tee-Stunde täglich oder an bestimmten Tagen, zu einer bestimmten Zeit durchführen. Es beginnt mit der Tasse Tee oder Kaffee, vielleicht mit dem Lieblingskuchen oder der Lieblingsschokolade. Man kann sich gemeinsam erinnern mit Fotos, Bildbänden, gemeinsam Musik hören, gemeinsam beten, vorlesen ... alles, was eben noch möglich ist.
- Das Ende: Der Kaffee ist getrunken. Geschirr wird abgeräumt, man verabschiedet sich.
- Wellness-Stunde an einem bestimmten Tag, zu einer bestimmten Zeit: Es beginnt mit der Vorbereitung (Handtücher etc., Auswahl des Öls). Hand- oder Fußmassage durchführen.
- Als Abschluss z. B. ein Musikstück oder eine Tasse Heißgetränk.

**NACH DEM TOD:**

- Am Sterbebett Abschied nehmen: Eine Kerze anzünden. Einen Text lesen. Die Lieblingsmusik spielen. Wenn es in Gemeinschaft geschieht, können alle erzählen, was der Mensch für sie bedeutet hat, wie sie den Menschen erlebt haben. Dann legt jeder eine Rose o. Ä. ans Bett. Die Kerze wird gelöscht.
- Totenwache
- Trauerfeier, Beerdigung
- »Leichenschmaus« – hier findet Gemeinschaft statt, es wird erinnert, hier besteht eine Verbindung zum Verstorbenen mit dem Leben.

Wenn die Beerdigung vorbei ist, wird es für die Trauernden oft schwerer, Raum und Zeit für die Trauer zu finden bzw. nicht allein zu sein mit der Trauer.

## Beispiele für Rituale nach der Bestattung

Grabbesuche können Rituale sein. Sie können helfen, den Tod zu realisieren und in Verbindung zu bleiben. Für manche sind Grabbesuche noch nicht möglich, weil sie die Endgültigkeit einfach noch nicht aushalten. Für andere ist das Grab kein Ort, mit dem sie etwas anfangen können. Hier kann ein »Altar« bzw. eine Gedenk-Ecke zu Hause helfen. Ein Bild, die Lieblingsblumen, Gegenstände des Verstorbenen etc. Es kann aber auch ein bestimmter Ort sein, z. B. in der Natur.

Gedenk-Ecke-Ritual: Jeden Morgen entzünden die Trauernden eine Kerze und beginnen den Tag im Zwiegespräch mit den Verstorbenen. Dann wird die Kerze gelöscht und die Trauernden gehen in den Tag. Oder: Jeden Morgen verbringen die Trauernden die erste Tasse Kaffee bewusst an der Gedenk-Ecke und trinken den Kaffee in Gemeinschaft mit den Verstorbenen. Dann verlassen sie die Gedenk-Ecke. Das kann auch abends gemacht werden zum Tagesabschluss, vor dem Schlafengehen.

## Das Erinnern

Erinnern ist für manche Trauernde lange sehr schwer, es tut so weh. Andererseits sollen die Erinnerungen nicht verblassen. Vielleicht ist es dann gut, sich regelmäßig zu einer bestimmten Zeit an einen bestimmten Ort zu begeben, um sich zu erinnern, für eine begrenzte Zeit. Die Erinnerungen können in Erinnerungsbuch oder -kiste gesammelt werden.

## Die tägliche Trauerzeit

Jeden Tag, zu einer bestimmten Zeit und für eine bestimmte Zeit, z. B. 30 Minuten, an einem bestimmten Ort, steht die Trauer im Zentrum, hat sie

Raum und Zeit. Die Trauernden können z.B. Trauertagebuch schreiben, bestimmte Musik hören, weinen, mit den Verstorbenen sprechen, beten etc. Kein Telefon, kein Handy stört, da sind nur die Trauernden und ihre Trauer.

Gerade für Menschen, die wenig Zeit haben oder für die, die sich zu verlieren drohen, kann eine regelmäßige und begrenzte »Trauerzeit« hilfreich sein.

## Gedenktage: Todestag, Geburtstag

Diese Tage bewusst gestalten, evtl. in Gemeinschaft – z.B. das Lieblingsessen der Verstorbenen kochen und Freundinnen oder Freunde dazu einladen. Oder einen Spaziergang mit einer Freundin oder einem Freund an einen bestimmten Ort oder zum Grab unternehmen.

## Selbstfürsorge

Gerade bei Trauernden kommt die Fürsorge für sich selbst oft zu kurz oder es ist einfach schwer. Vieles ist so egal, so gleichgültig.

**MAHLZEITEN** Kleine Rituale daraus machen: den Tisch bewusst decken. Das Essen bewusst vorbereiten. Den Teller schön dekorieren.

**DIE NÄCHTE** bereiten nicht selten Angst. Die Dunkelheit, die Ruhe, das Alleinsein. Dann helfen Abendrituale:

- ein Beruhigungstee am Abend an der Gedenk-Ecke;
- das Stein-Ritual. Dafür brauchen Sie einen Kieselstein und einen Edelstein. Den Kieselstein nehmen Sie vor dem Zubettgehen in die Hand sagen: »Ich gebe ab, was heute schwer war.« Sie geben also alles in ihn ab, was an diesem Tag schwer, anstrengend und belastend war. Sie geben das alles in den Stein. Legen Sie den Stein zur Seite. Dann nehmen Sie den Edelstein in die Hand und sagen: »Ich gebe

alles hinein, was heute schön war« oder: »Ich wünsche mir für morgen, dass …« Alles, was Sie beflügelt hat, Ihnen gut getan hat, gut gelaufen ist. Wenn Ihnen nichts einfällt, geben Sie das hinein, was Sie sich für morgen Schönes wünschen. Dann legen Sie den Stein neben dem Kieselstein ab.[199]

- Notfall-Nacht-Ritual: Was tun, wenn man nachts aufwacht und nicht mehr einschlafen kann? Nach einer gewissen Zeit ist es oft besser aufzustehen, als sich weiter hin- und herzuwerfen, zumal so auch das Gedankenkarussell an Fahrt gewinnt.
- Tee/Kakao und Hörbuch, Schreiben, Musik, Kreuzworträtsel, Sudoku, Filme. Am besten bereits vor dem Zubettgehen vorbereiten, sozusagen für alle Fälle.
- Wenn das Gedankenkarussell sich zu schnell dreht, können Atemübungen und/oder Bewegungsübungen helfen.

## Symbole und innere Bilder

Rituale sind oft von folgenden Symbolen und inneren Bildern begleitet:

- der Kerze – aber Vorsicht, nicht jeder mag sie und kann damit etwas anfangen. Besser ist dann die Tasse Tee oder ein Gong, eine Glocke o. Ä., um den Anfang und das Ende zu markieren.
- dem Feuer – besonders magisch ist das Abgeben an das Feuer, das Wandeln, Verwandeln durch das Feuer. Beispiel Feuerschale.
- dem Wasser. Auch dieses ist ein großes Symbol: das Fließen, das Wegtragenlassen, das Hinfließenlassen.
- Baum, Wüste, Berge, Kleeblatt, Himmel, Wolken, Licht, Regenbogen;
- religiösen Symbolen: Kreuz, Engelsbildern, betenden Händen.

# Transaktionsanalytische Methoden

Die Transaktionsanalyse (TA) wurde vom kanadischen Psychiater und Psychoanalytiker Eric Berne (1910–1970) begründet. Bernes humanistisches Menschenbild – »Alle Menschen sind okay geboren« – hat das Ziel, die Autonomie der Menschen zu stärken, um ihnen Bewusstheit, Spontanität und Intimität zurückzugeben.

**DIE TRANSAKTIONSANALYSE** ist eine

- Theorie der menschlichen Persönlichkeit (Ich-Zustands-Modell);
- Kommunikationstheorie (Analyse von Transaktionen);
- Entwicklungstheorie (Lebensskripte);
- Theorie der Psychopathologie (wird in diesem Buch aber nicht behandelt).

**WICHTIG SIND HIERFÜR** die drei folgenden Grundannahmen:

1. Die Menschen sind in Ordnung und von Grund auf gut;
2. jeder Mensch hat die Fähigkeit zu denken;
3. jeder Mensch entscheidet über sein eigenes Schicksal und kann seine Entscheidung auch ändern.[200]

## Theorie der menschlichen Persönlichkeit

Bestimmte Gefühlsmuster werden früh erlernt und immer wieder aktiviert. Eric Berne definierte einen Ich-Zustand als ein »in sich geschlossenes Muster von Fühlen und Erleben, das in direktem Zusammenhang steht mit einem in sich geschlossenen Verhaltensmuster«.

Jeder Mensch kann aus drei Ich-Zuständen agieren:

**IM ELTERN-ICH-ZUSTAND (EL)** hat der Mensch alles von Eltern- und Autoritätspersonen abgespeichert, was für das Individuum wichtig und erstrebenswert war, beispielsweise Verhaltensweisen, Reaktionen und Einstellungen. Die Einstellungen können entweder wohlwollend oder auch strafend sein.[201] Dort sitzen Moral, Ethik, Normen, Manieren, Instruktionen, um gut durch die Welt zu kommen, sowie Vorschriften und Fürsorge.

- Ein **kritischer Eltern-Ich-Zustand** ist sichtbar durch kritische bzw. überkritische Verhaltensweisen. Bei Trauernden äußert er sich durch Aussagen wie »Stell dich nicht so an und reiß dich zusammen« oder »So kenne ich mich gar nicht, ich habe eigentlich alles im Griff«.
- Ein **fürsorglicher Eltern-Ich Zustand** ist sichtbar durch überfürsorgliche Verhaltensweisen. In diesem Ich-Zustand befinden sich Trauernde selten.

**IM ERWACHSENEN-ICH-ZUSTAND (ER)** ist das Verhaltensmuster die direkte Reaktion im Hier und Jetzt. Es überprüft und ermittelt die Realität mit gemachten Erfahrungen, Einsichten und Wissen und verbindet sie mit Verantwortungsgefühl, Zuverlässigkeit sowie Intelligenz.[202]

Wir sprechen von einem Erwachsenen-Ich-Zustand mit reflektiertem Verhalten, sichtbar durch sachliche klare, analysierende Verhaltensweisen.

**IM KINDHEITS-ICH-ZUSTAND (K)** finden wir spontan unsere Intuition, Kreativität, Freude sowie unsere individuellen Gefühle. Es ist ein Zustand wacher Bewusstheit über unsere Wünsche und Bedürfnisse. Wir haben die Fähigkeit, spontan, unbefangen und frei aus unserem Kindheits-Ich zu reagieren, und zudem gibt es auch Erfahrungen aus dem Kindheits-Ich, welches auf die Umgebung entsprechend reagiert. Das Kindheits-Ich kann also entweder angepasst oder aber rebellisch reagieren.[203]

- Ein **angepasster Kindheits-Ich-Zustand** ist sichtbar durch soziale Verhaltensweisen oder durch Überanpassung (nicht hilfreich). Bei Trauernden äußert er sich dadurch, dass sie sich Trauergefühle nicht zumuten wollen (nicht weinen), sich dann lieber zurückziehen

- Ein **rebellischer Kindheits-Ich-Zustand** ist sichtbar durch angemessenen Widerstand oder durch verstockten/auftrumpfenden Protest (nicht hilfreich). Bei Trauernden äußert er sich durch Aussagen wie »Dann erzähle ich eben gar nichts mehr« oder »Da gehe ich nicht mehr hin«.
- Ein **freier Kindheits-Ich-Zustand** ist sichtbar durch gefühlvolle Verhaltensweisen oder aber rücksichtslose, gefährdende Verhaltensweisen (nicht hilfreich). Bei Trauernden heißt das zu schnelles Autofahren, Alkoholkonsum etc.

## Unterstützung der Ich-Zustände im Verhalten

→ ***»So bin ich.«***

Wir können Trauernde auf ihrer Suche nach den Gründen dafür, dass sie so, wie sie es tun, reagieren, unterstützen. Da ist der Blick auf die Ich-Zustände sowie auf Verhaltensweisen und -reaktionen hilfreich. Die Verhaltensmuster können im Hier und Jetzt angepasst werden. Auch können wir als Trauerbegleitende den Erwachsenen-Ich-Zustand der Trauernden mit bestimmten Fragen aktivieren:

- Was würde Ihnen eine gute Freundin/ein guter Freund sagen?
- Was kann ich für Sie tun?
- Was erwarten Sie von mir?

### METHODISCHES VORGEHEN

- Auf Ich-Zustände achten, um auf die Beziehungsebene zu blicken;
- den Ich-Zustand bewusst machen, beispielsweise mit drei Stühlen für die drei Zustände: Stühle auswählen und behutsam die Zustände wechseln oder in einem Rollenspiel Interventionen aus verschiedenen Ich-Zuständen erproben.

**KOMMUNIKATIONSTHEORIE** (Analyse von Transaktionen): Die Beziehungen zueinander stehen in der zwischenmenschlichen Kommunikation auf dem Prüfstand »Bin ich okay? Bist du okay? Sind wir okay?«

## Der Ich-Zustand beeinflusst die Kommunikation

→ ***»So reagiere ich«.***

Wenn zwei Menschen miteinander kommunizieren, können sie sich nicht nur in einem Ich-Zustand befinden, sondern jeweils in den drei Ich-Zuständen variieren. Im Laufe eines Trauergesprächs können beide, Trauernde und Trauerbegleitende, unbewusst in verschiedene Ich-Zustände rutschen. Hilfreich ist dann zu überlegen: »Wie alt bin ich gerade?«, »Was brauche ich selbst gerade?«, »Wie alt verhält sich mein Gegenüber?«

Die Kommunikation (s. S. 13) ist immer auch Ausdruck von Beziehung. Die Transaktionen sind Mitteilungen aus den drei Ich-Zuständen. Eine Transaktion besteht aus einem Stimulus (S) – einer oder einem Sendenden und einer Reaktion (R) – einer oder einem Empfangenden. Die Transaktionsanalyse unterscheidet zwischen parallelen, überkreuzten und verdeckten Transaktionen. Als Trauerbegleitende interessiert mich zuerst, in welchem Zustand die Trauernden vor mir sitzen.

**METHODISCHES VORGEHEN:** In der Trauerbegleitung kann uns die Klärung der Bedürfnisse des Gegenübers helfen. Die Bedürfnisse werden im Kind-Ich-Zustand gespürt und im Erwachsenen-Ich-Zustand befriedigt. D. h., uns gegenüber sitzt ein Kind-ich-Zustand, der Hunger hat nach Anerkennung (Sehnsucht nach Beziehung und sozialer Kontakt = »verbale Berührung«), Struktur (Sehnsucht nach Sicherheit, Kontrolle und sozialer Eingebundenheit) und Inspiration (intellektuelle Herausforderungen – weniger spürbar in der Trauerbegleitung).

In einem Trauergespräch können die Trauerbegleitenden beispielsweise die Angst vor dem Verlust der Kontrolle der Trauernden mildern, indem sie das Erwachsenen-Ich unter dem Hinweis auf Fähigkeiten und Ressourcen ansprechen.

## Entwicklungstheorie (Lebensskripte)

Das eigene Lebensskript wird von jedem Menschen selbst verfasst. Das Lebensskript ist eine Strategie dafür, die Welt zu verstehen und zu überleben. Bezugspersonen haben aus ihren eigenen Ich-Zuständen verbale, nonverbale oder kombinierte Botschaften mitgegeben. Das Skript enthält zudem Erbinformationen, äußere Ereignisse, autonome Entscheidungen und Prägungen. Die Skriptbotschaften können als Weisungen oder Zuschreibungen übermittelt werden.

Wichtig dabei ist, zu verstehen, warum Menschen sich so verhalten, wie sie es tun.[204] Einen Wegweiser, die uns verbal aus dem Eltern-Ich-Zustand mitgegeben wurden, nennt man auch »Inneren Antreiber«.

**DIE FÜNF HÄUFIGSTEN ANTREIBER:**

1. Sei perfekt!
2. Sei stark!
3. Streng dich an!
4. Sei gefällig!
5. Beeil dich!

Die verinnerlichten Anweisungen sind bedingt im eigenen Eltern-Ich-Zustand gekoppelt an den Satz »Ich bin okay, wenn ...«. Wichtig zu wissen ist, dass die Antreiber in Stress-Situationen aktiviert werden und nicht im Kontakt mit unseren echten Bedürfnissen und Gefühlen sind. Antreiber sind unser Motor und können uns unter Stress in einen Burnout bringen. Je größer der Stress, desto stärker der Antreiber!

**METHODISCHES VORGEHEN:** Bewusstheit über seine eigenen Antreiber erlangen (Antreiber-Test) – »Kein Wunder, dass ich mich so verhalte ...!« – und sie in positive Erlaubnisse umformulieren:

1. Du bist gut genug, so wie du bist!
2. Sei dir zu gefallen!
3. Sei offen und drücke deine Wünsche aus!
4. Tu's!
5. Nimm dir Zeit!

**FOLGENDE ÜBUNGEN** können ein neues Lebensskript formen:

- »Deine eigene Lebensgeschichte als Film« von Ian Stewart und Vann Joines;[205]
- »Dem inneren Kind begegnen« von Luise Reddemann.[206]

# Gestalttherapeutische Methoden

Das Ganze ist mehr als die Summe seiner Teile. Fritz Perls (1893–1970), Psychiater und Psychoanalytiker, und Laura (Lore) Perls (1905–1990), Psychologin und Psychoanalytikerin, entwickelten gemeinsam die Gestalttherapie. Mit ihrem Theoriewerk »Das Ich, der Hunger und die Aggression« setzten sie sich von Freuds Theorie ab bzw. entwickelten sie weiter. Der »Hunger« war für die Perls ein Synonym für den Ausdruck des Selbsterhalts und die Aggression ein positiver Bestandteil des Grundtriebes. Weiteren Einfluss auf die Gestalttherapie hatte Martin Buber mit seinem Dialogischen Prinzip (»Vom Ich zum Du«) sowie der Zen-Buddhismus.

Auch die Gestalttherapie geht davon aus, dass der Mensch eine Einheit von Körper, Seele und Geist (Ratio) ist und im Kontakt mit sich als einem selbstregulierenden Organismus und zu seinem sozialen Umfeld steht – daher auch der Begriff »Gestalt«. Die Gestalttherapie geht davon aus, dass das jeweilige wichtigste Bedürfnis des Individuums in den Vordergrund des Bewusstseins rückt. Das entstehende Bedürfnis taucht als eine offene Gestalt auf. Wenn das Bedürfnis befriedigt wurde, rückt es in den Hintergrund zurück. Die Gestalttherapie sieht im Organismus die Fähigkeit zur Selbstregulation.

Der Gestaltzyklus beschreibt den Prozess der Selbstregulation, zentral dabei ist die Wiederherstellung der Homöostase (Gleichgewicht). Durch den Einfluss von Bubers »Vom Ich zum Du« arbeitet die Gestalttherapie dialogisch, in der Beziehung zwischen Klientin bzw. Klient und Therapierenden im Hier und Jetzt sowie erfahrungsbezogen, d.h. auf das Tun und Handeln an der Erfahrung orientiert. Sie benutzt dabei Methoden der Selbsterfahrung, um den Ist-Zustand zu erleben: »Ich bin, was ich spüre.« Hilfreich dabei ist, das Gewahrsein (awareness) als Summe aller Teile, beispielsweise alles, was im Augenblick – im Hier und Jetzt – in den Vordergrund tritt wie »Außen- und Innenwahrnehmungen, Empfindungen, Gefühle, Impulse, Erinnerungen, Bilder Töne und Gedanken«.[207]

## Methodisches Vorgehen

»Allein bereits die Erweiterung des Gewahrseins im Hier und Jetzt löst Vermeidungen und Kontaktstörungen auf, weil diese jetzt bewusst werden.«[208]

**DIESE FRAGEN** können den Prozess unterstützen:

- Was erleben Sie gerade?
- Was brauchen Sie im Augenblick?
- Was tun Sie (um das zu erreichen)?
- Was vermeiden Sie dabei?[209]

Weitere Methoden der Gewahrseins-Förderung sind das Achten auf Körpersignale, Körperhaltungen, innere Bilder, Gefühle und Handlungsimpulse. Wie in der Transaktionsanalyse erhöht das Bewusstsein der eigenen Bedürfnisse und Wünsche die Selbstregulation und stärkt das Selbstbewusstsein.

**»SOLLEN« UND »MÜSSEN«** überprüfen zugunsten von »Wollen« und »Entscheiden«. Dafür wird in einer praktischen Übung ein Blatt in drei Spalten eingeteilt, in die erste Spalte werden zehn Dinge eingetragen, die die Trauernden im Moment tun »müssen«. In die zweite Spalte tragen sie ein, welche der genannten Dinge sie tun »wollen«. Danach überprüfen die Trauernden, für welche Dinge sie sich tatsächlich »entscheiden« wollen.

**ERMITTELN VON POLARITÄTEN** (können zwischen Personen auftreten, aber auch innerhalb einer Person, die widersprüchliche Gefühle, Zielsetzungen oder Handlungsimpulse hat). Empfinden Trauernde

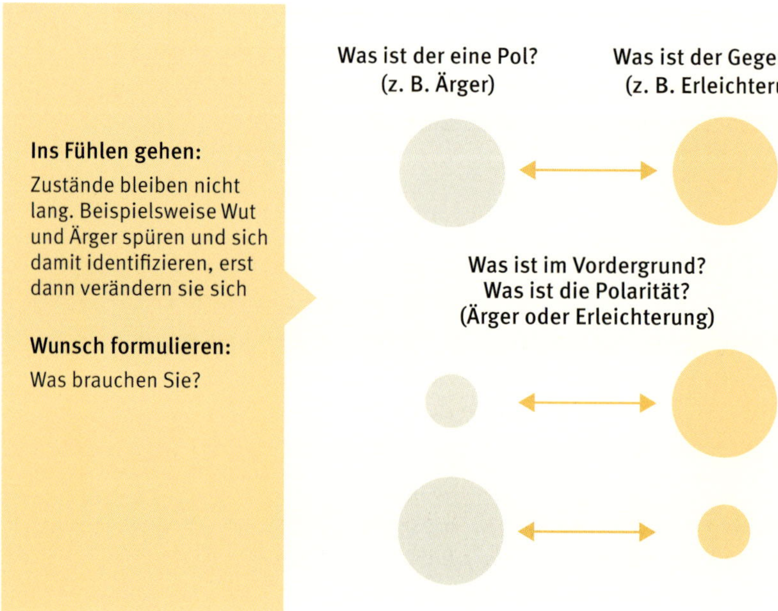


**Polaritäten ermitteln**

beispielsweise sowohl Ärger als auch Erleichterung wegen der Verstorbenen, können sich die beiden Gefühle gegenseitig torpedieren und zu einem Konglomerat von Schuldgefühlen führen. Identifizieren sich die Trauernden aber erst mit ihrer Erleichterung und dann mit ihrem Ärger, können beide Gefühle wieder klar werden. Die Trauernden können dann beide Gefühle benennen, ausdrücken und ihnen Raum geben. Beide Gefühle erhalten ihre »Da-seins-Berechtigung«.[210]

**DIE ARBEIT MIT DEM LEEREN STUHL** Der leere Stuhl kann nicht anwesende Personen (Verstorbene) repräsentieren. Das Einnehmen der Perspektive der oder des anderen durch Besetzen des leeren Stuhls kann das intuitive Wissen um deren bzw. dessen Befindlichkeit, Gefühle, Gedanken bewusst in Vordergrund treten lassen. Dialoge zwischen inneren Polaritäten und der verstorbenen Person können geführt werden. Wichtig dabei ist, dass nicht nur die verbale, gedankliche Ebene aktualisiert wird, sondern auch Gefühle, körperliche Empfindungen und

Handlungsimpulse gespürt und ausgedrückt werden. Das Erleben der Polaritäten durch die dialogische Aufteilung ist hilfreich, weil sie erlaubt, jede der beiden Seiten einmal in Reinform zu erleben und nicht ständig die innere Lähmung und Zerrissenheit zu spüren.[211]

# Psychodrama-Methoden

»Psychodrama ist eine therapeutische Methode, auf dem Weg des darstellenden Spiels (Drama) dem (Seelen-)Leben (Psyche) heilsame Unterstützung zu ermöglichen. Spontaneität, Schöpferisches und das Erlangen heilsamer Einsichten und Erfahrungen [...] sind tragende Elemente des Psychodramas.«[212]

Im Psychodrama wird Aspekten des inneren Erlebens oder der inneren Realität auf einer Bühne szenisch Ausdruck verliehen. Im besten Fall können dadurch die Trauernden Erkenntnisse gewinnen, die ihnen in der äußeren Realität hilfreich für den weiteren Trauerverlauf sind. Trauernde können so z.B. in einen Dialog mit der verstorbenen Person treten, es kann Ungesagtes oder Schuldbehaftetes angesprochen werden. Es kann so aber auch ein Austausch mit dem sozialen Umfeld stattfinden, um nach Unterstützung in der Trauer zu suchen. Dabei können auch nicht-reelle Wesen wie Engel oder Aspekte wie Angst, Schuld etc. als Rollen auf die Bühne kommen. Das Psychodrama spricht dabei von »Surplus Reality«, gemeint ist damit »die über die sichtbare Realität hinausgehende Wirklichkeitsdimension – die Anders-Wirklichkeit.«[213]

»Das Psychodrama gehört zur Gruppe der sogenannten humanistischen Therapieformen. Sie dienen dem Menschen, sich nach Möglichkeiten in sich selbst und in seinem sozialen Umfeld wieder zurechtzufinden.«[214] Es ist vorrangig auf ein Gruppensetting im therapeutischen Kontext angelegt. Matthias Schnegg beschreibt in seinem Buch »Erwärmen in der Trauer. Psychodramatische Methoden in der Begleitung« mögliche Anwendungen dieser Methode für nicht therapeutische Trauerbegleitung sowohl in Gruppen als auch für die Einzelbegleitung.

Grundlegende Haltung ist dabei ein Vertrauen, »dass über alle Abgründe des Verlusterlebens hinweg in der Regel sich die Möglichkeiten einer neuen Lebensperspektive öffnet.«[215] Mit diesem Vertrauen können die Trauerbegleitenden den Trauernden helfen, dass sich das Neue entfalten kann. Voraussetzung dafür ist, dass die Begleitenden entsprechendes Einfühlungsvermögen für die Trauernden haben und für das, was den Trauernden helfen könnte.

Hinter der Methode des Psychodramas steht aber auch die Überzeugung, dass »das Wiederentdecken oder Weiterspielen der Spontaneität und Kreativität [...] die heilende Kraft [ist], die jedem Menschen mitgegeben ist.«[216]

## Eine spielerische Methode

Das Psychodrama ist eine spielerische Methode, eine Art Rollenspiel mit sehr bestimmten Regeln und Variationen:

- Zunächst muss eine Bühne definiert werden, das kann ein bestimmter Bereich im Zimmer sein, ein Tisch o.Ä. Die Bühne verdeutlicht, dass es sich nicht um die »objektive« Realität handelt, sondern um ein »erfundenes Stück«, eine Fiktion. Die Darstellenden treten bewusst in ihrer Rolle auf die Bühne und verlassen danach ebenso bewusst die Bühne und ihre gespielte Rolle.
- Die Trauernden – Protagonisten genannt – müssen sich in die Szene, die gespielt werden soll, ebenso wie die Leitung und ggf. die Gruppenmitglieder einfühlen – »Erwärmen« genannt. Dazu ist es notwendig, sich die Szene ganz genau von den Trauernden beschreiben zu lassen. Die Leitenden führen dazu ein Interview mit den Trauernden, in dem diese genau beschreiben, wie die Bühne aussieht – z.B. ein Gartenpavillon mit einem Tisch mit karierter Tischdecke, zwei Stühlen aus Holz, einer Karaffe mit Wasser, zwei Gläsern. Außerdem beschreiben sie, wer beteiligt ist – z.B. die Trauernden und die Verstorbenen. Wie sehen die

beiden aus? Welche Kleidung tragen sie? Sitzen sie am Tisch – wenn ja, wo? Und wer beginnt das Gespräch? – etc. So präzise wie möglich, damit ein Einfühlen in die Szene für alle gelingt. »Manchmal ist das Erwärmen an sich schon ein Trost.«[217]

- Im nächsten Schritt werden die Rollen auf der Bühne eingenommen. Bei einer Einzelbegleitung übernehmen die Trauerbegleitenden alle weiteren Rollen neben den Trauernden. Im Psychodrama gibt es verschiedene Rollen: In der Trauerbegleitung sind die Protagonisten die Trauernden, Hilfs-Ichs unterstützen die Trauernden in ihren Rollen oder sind bewusste Gegenspieler (Antagonisten).
- Rollensymbole kommen zum Einsatz, um zu verdeutlichen, in welcher Rolle jemand gerade ist. Diese Rollensymbole können bestimmte Gegenstände oder Tücher sein.
- Es gibt verschiedene Mittel und Methoden, die im Spiel angewandt werden können.
- Die Szene wird gespielt, danach verlassen alle Rolleninnehabenden die Bühne und streifen ihre Rollen wieder ab.
- Es folgt das Feedback zum Spiel, das mit dem sogenannten Sharing begonnen wird: dem, was Leitung bzw. Gruppenmitglieder mit den Trauernden teilen, z. B. im Sinne von »Ich teile mit dir die Unfähigkeit, mich an etwas zu erfreuen«. Mit dem Sharing erhalten die Trauernden ein Gefühl von Solidarität, von »Ich bin normal«. Danach folgt das Rollenfeedback, in dem die Trauernden das erste Wort haben. Danach kommt die Prozessanalyse – der Blick auf den Spielverlauf. Gerade bei Gruppensettings, in denen einige das Spiel als Zuschauer und Beobachter verfolgen, können hier wertvolle Eindrücke gewonnen werden.

## Beispiel Rollentausch

*Angenommen, die Rollen sind der trauernde Ehemann und die verstorbene Ehefrau. Sie treten in einen Dialog. Der trauernde Ehemann spricht zu seiner Ehefrau, die von einem Hilfs-Ich dargestellt wird. Danach werden die Rollen getauscht – das Hilfs-Ich ist jetzt der trauernde Ehemann und wiederholt genau, was dieser vorher zu seiner Frau gesagt hat. Der trauernde Ehemann, jetzt in der Rolle der verstorbenen Ehefrau, hört das Gesagte und erwidert etwas – wieder werden die Rollen getauscht. Das Hilf-Ich ist nun wieder die verstorbene Frau und wiederholt das Gesagte, der trauernde Ehemann hört es und erwidert. Das Hilfs-Ich wiederholt dabei immer nur, was der Protagonist, also der Trauernde, gesagt hat.*

Die Leitung hat im Psychodrama eine wichtige Funktion. In der Trauerbegleitung sind die Trauerbegleitenden die Leitung. Sie sorgen für den angemessenen Spielverlauf, sind Schutz und Ermutigung für Protagonisten/Trauernde und übernehmen die Hilfs-Ich-Funktionen, wenn die Methode des Psychodrama in der Einzelbegleitung verwendet wird.[218]

Mehr noch als die Methodensicherheit ist wie immer die Haltung essenziell. Wie bereits erwähnt das Vertrauen in die schöpferische Kraft des Menschen, auch im größten Leid.

»Das einzelne Psychodrama ist nicht die fertige Lösung. Es ist ein Schritt auf einem Weg, wie jeder Trauerweg eine vielschrittige Entwicklung ist.«[219]

# Systemische Methoden

»Menschliche Erlebnis- und Verhaltensweisen vollziehen sich immer in Zusammenhang mit anderen Menschen und anderen Umweltkräften und in Bezug auf sie.«[220]

Bei der systemischen Herangehensweise ist es ganz wesentlich, nicht allein den einzelnen Menschen zu betrachten, sondern die gesamten sozialen Systeme, in denen er sich bewegt und in die er eingebunden ist. Soziale Systeme sind die Familie, die Arbeit und die Arbeitskolleginnen und -kollegen, der Freundeskreis, die Schule, Vereine etc.

Besonders wenn ein Mensch stirbt, gerät das System ins Wanken. Stellen Sie sich ein Mobile vor, das zunächst im Gleichgewicht ist. Es ist nicht die Frage, wie gut und gesund dieses Gleichgewicht ist. Alle Beteiligten haben ihre Position im System und es ist in Balance. Nun verstirbt ein Mensch, eine Position im System wird frei, das Mobile gerät in Schieflage.

Der Kern der systemtherapeutischen Arbeit wird auch mit der Schwellenphase in einem Übergangsritual verglichen. Das Alte ist nicht mehr, das Neue ist noch nicht. Die Schwellenphase ist der Prozess der Transformation zum Neuen. Genau in diesem Zustand treffen Trauerbegleitende auf die Trauernden, inmitten eines Veränderungsprozesses, den sie nicht wollten. Um das Bild des Mobiles aufzugreifen, in einer Situation in Schieflage.

Um Menschen in derartigen Übergängen unterstützen zu können, ist auch im systemischen Herangehen die Haltung des Therapeuten zentral: neutral – ohne Wertung. Die Beziehung zwischen Klientin bzw. Klient und Therapeutin bzw. Therapeut ist maßgeblich dafür, ob ein Raum geschaffen wird, der Klientinnen und Klienten ein Weitergehen, Sich-Entwickeln ermöglicht.

## Sechs wichtige Aspekte der Gesprächsführung

- **Zuhören**: dem Erzahlen Raum geben
- **Achtsames Zuhören**: zugewandt, präsent
- **Interessiertes Nachfragen**: keine Bewertung oder Stellungnahme
- **Aktives Infragestellen**: Haltung des Nichtverstehens, des Sich-Wunderns
- **Fokussieren**: Durch Fragen kann auf bestimmte Zusammenhänge oder Lösungswege aufmerksam gemacht werden.

- **Positionieren**: Vorrangig ist zwar die fragende Haltung, es kann aber manchmal hilfreich sein, sich als Therapeutin bzw. Therapeut oder Trauerbegleitende mit der eigenen Fachkompetenz einzubringen und das Gegenüber mit alternativen Sichtweisen zu konfrontieren.[221]

## Fragetechniken in der systemischen Herangehensweise

- **Zirkuläres Fragen:** »Jedes Verhalten jedes Beteiligten ist gleichzeitig Ursache und Wirkung des Verhaltens der anderen Beteiligten (Zirkularität).«[222] Diese Vorstellung wird beim Fragen eingesetzt. Es wird nicht direkt nach dem Befinden oder Verhalten des Trauernden gefragt, sondern nach dem Verhalten der anderen, beispielsweise: »Was macht Ihre Schwester, wenn sie traurig ist?«, »Wie reagiert Ihr Vater, wenn Sie weinen?«, Die Trauernden müssen so zunächst nicht von sich erzählen. Zudem können die Trauernden durch die veränderten Perspektive neue Erkenntnisse gewinnen.
- **Lösungsorientierung,** z. B.: »Wie würden Sie merken, dass sich Ihr Schmerz deutlich verringert hat?«, »Wie würden Ihre Angehörigen reagieren, wenn Sie sich anders verhielten?« Die Wunderfrage[223]: »Nehmen wir an, während Sie schlafen, geschieht ein Wunder. Sie merken aber nicht, dass ein Wunder geschieht. Das Wunder besteht darin, dass über Nacht all ihre Probleme verschwinden. Woran werden Sie morgen früh als Erstes merken, dass das Wunder geschehen ist?«
- **Externalisierung**: Wie in anderen Methoden, z. B. Psychodrama oder Familienaufstellung, geht es hier um das Ins-Außen-Bringen innerer Bilder oder

> inneren Erlebens. Auch im systemischen Ansatz werden dafür Stellvertreter bzw. Symbole für Familienangehörige o.Ä. genutzt. Und auch hier kann auch das sogenannte innere System ins Außen gebracht werden – Angst, Unsicherheit, Ressourcen, etc. Mögliche Fragestellungen beim Externalisieren: »In Ihnen scheinen zwei Seiten zu streiten. Die eine möchte ins Leben, die andere hält Sie zurück. Inwiefern könnte es die zurückhaltende Seite gut mit Ihnen meinen? Inwiefern will sie Sie vielleicht warnen oder schützen? Angenommen, Sie würden jeder der beiden Seiten ein Tier zuordnen, welche Tiere wären das?«[224]

»Menschen verleihen dem eigenen Leben und dem Leben anderer Menschen auf der Grundlage der eigenen Erzählung Bedeutung und Sinn. [...] Folgerichtig befasst sich die systemische Therapie und Beratung mit den Erzählungen von Klientinnen und Klienten und versteht sich als ein moderierender Dialog mit Menschen über deren Erzählungen.« Die Herausforderung der systemischen Herangehensweise »besteht darin, Formen der Konversation zu finden, bei denen Klienten sich eingeladen fühlen, für ihre Erzählungen neue Sinnkonstruktionen zu finden ...«[225]

Die Trauernden brauchen eine Integration des Verlusterlebens in ihre Lebensgeschichte, in ihr Narrativ. Die Warum-Fragen können dann zur Ruhe kommen und der Verlust kann angenommen und integriert werden.

## Weitere mögliche systemische Fragen

ZUM BEZIEHUNGSAUFBAU:

- Wie ist es Ihnen seit unserem letzten Gespräch/ Telefonat ergangen?
- Was ist Ihnen heute wichtig zu besprechen?
- Woran werden Sie am Ende unserer Zusammen-

kunft erkennen, dass dies ein hilfreiches Treffen war?
- Welche Idee haben Sie dazu im Kopf, was heute hier passieren soll?

**FRAGEN NACH INNEREN WERTUNGSWEISEN UND BEFINDLICHKEITEN:**
- Wie erklären Sie sich das?
- Was bedeutet dies für Sie?
- Wie wichtig ist dies für Sie?
- Welchen Stellenwert hat dies für Sie?
- Wie geht es Ihnen dabei?
- Was denken Sie darüber?

**FRAGEN ZU VERHALTEN UND INTERAKTIONEN** (Konkretisieren des Verhaltens):
- Woran würde sie merken, dass sich etwas geändert hätte?

**FRAGEN NACH RESSOURCEN:**
- Was möchten Sie gerne fortführen?
- Was machen Sie gerne?
- Was müssten Sie tun, um mehr davon zu machen?

**DIE WUNDERFRAGE:** Wenn das Problem (Beispiel Grübeln) plötzlich weg wäre ...
- was würden Sie am meisten vermissen?
- was würden Sie als Erstes machen? Was danach?
- wer wäre am meisten überrascht?

**VERSCHLIMMERUNGSFRAGEN:**
- Was müssen Sie tun, um Ihr Problem (Grübeln/ Vermeidungsverhalten) zu behalten? Wie könnte ich Sie dabei unterstützen?
- Was könnte Sie noch unglücklicher machen? Was bräuchten Sie noch dazu?

**FRAGEN NACH DEM NUTZEN DES PROBLEMS** (Schuldgefühle/Vermeidungsverhalten):

- Wofür wäre es gut, das Schuldgefühl/Vermeidung vom Besuch der Grabstelle noch eine Weile zu behalten?
- Was würde schlechter, wenn das Schuldgefühl sich auflöste?

## Reframing oder »Stroh zu Gold spinnen«

Das Reframing ist eine Methode der positiven Umdeutung von Verhaltensweisen, Ereignissen und Phänomenen. Diese können in einen neuen Zusammenhang (Rahmen) als den, den wir ihnen spontan geben, gesetzt werden. Sinn ergibt das vor allem dann, wenn uns bestimmte Gedanken nicht guttun, lähmen und davon abhalten, aktiv einen Weg zu gehen.

> **— Du entscheidest, ob das Glas halb voll oder halb leer ist. —**

In der Trauerbegleitung können wir mithilfe von Reframing die Trauernden dazu ermutigen, die Ereignisse unter einem anderem Blickwinkel zu sehen sowie ihren Blickwinkel zu erweitern und so die Bedeutung des Verhaltens und damit das problematische Verhalten selbst zu verändern. Reframing unterstützt in der Trauerbegleitung, die Beziehung zu den Verstorbenen oder eben Situationen oder Aussagen neu zu sehen und zu reflektieren. Es hilft ebenso, sich mit belastenden Erfahrungen zu versöhnen.

**DAS BEDEUTUNGS-REFRAMING** zeichnet sich dadurch aus, dass der Inhalt einer Situation sich nicht verändert, er bekommt lediglich eine neue Bedeutung, indem eine neue Betrachtungsweise der betreffenden Situation erarbeitet und aufzeigt wird. Es hat auch mit Optimismus zu tun. Dieser kann die Spanne der sichtbaren Möglichkeiten erweitern.

## Beispiel für das Bedeutungs-Reframing

*Die Tochter begleitete und unterstützte ihre jahrelang schwerkranke Mutter, die bereits mehrere Jahre unter verschiedenen schweren Erkrankungen litt, eng. Als diese in der Klinik nach einem eigentlich eher harmlosen Eingriff verstirbt, macht sich die Tochter Vorwürfe: Hätte sie den medizinischen Eingriff verhindern müssen, die Behandlung mehr beeinflussen müssen? Dann würde ihre Mutter vielleicht noch leben.*
*Im Gespräch mit der trauernden Tochter ging es darum, wie sehr ihre Mutter ihr fehlt, wie sehr sie sich wünscht, dass diese noch lebte. Die Trauerbegleiterin fragt, wie es wohl für ihre Mutter war, wie sie es gesehen haben könnte.*
*Im nächsten Gespräch kommt die Trauernde darauf zurück. Sie hat versucht, die Perspektive der Mutter einzunehmen, und denkt, dass sie gehen wollte, dass sie nicht mehr konnte.*

**DAS KONTEXT-REFRAMING** bezieht sich auf eine Veränderung des Kontextes, indem das betreffende Verhalten in einen anderen Zusammenhang gestellt wird. Es gilt zu verdeutlichen, dass das in einem bestimmten Kontext als problematisch empfundenes Verhalten in einem anderen Kontext angemessen ist.[226]

Ein vermeintlicher Nachteil kann zum Vorteil werden: eine ungeliebte Eigenschaft in einen Zusammenhang, in dem sie nicht mehr als Schwäche, sondern als Stärke erscheint.

## Beispiel für das Kontext-Reframing

*Viele Trauernde, die voller Wut sind, schämen sich oft: Sie müssten doch traurig sein und nicht wütend! Wenn im Gespräch darüber geredet wird, was die Wut ist, was dadurch für die Trauernde möglich ist, wie viel Kraft in dieser Wut und damit in der Trauernden steckt, kann die Wut von den Trauernden auch als etwas Gutes gesehen werden, der Kontext hat sich verändert.*

Die systemische Methode ist auf Erzählen, Fragen, Konversation ausgerichtet und damit auf Sprache und hat deshalb auch Grenzen. In der systemischen Therapie und Beratung wird vielfach betont, dass die menschlichen Realitätskonstruktionen vor allem durch Sprache beeinflusst werden. Erkenntnisse der modernen Hirnforschung stellen diese Sicht deutlich infrage.[227]

## Hypnotherapeutische Methoden

»Ich habe schon viele Leiden behandelt und dabei jedes Mal eine neue Behandlungsweise erfunden, je nach der Persönlichkeit des einzelnen Patienten« (Milton Erickson).

Milton Hyland Erickson (1901–1980) war ein amerikanischer Psychiater, Psychologe und Psychotherapeut, der die moderne Hypnose- und Hypnotherapie maßgeblich prägte und ihren Einsatz in der Psychotherapie förderte. Erickson war eine beeindruckende Gestalt, sowohl aufgrund seiner Lebensgeschichte als auch wegen der hypnotherapeutischen Fortschritte, die er machte, und seiner therapeutischen Haltung.

Erickson wuchs im ländlichen amerikanischen Mittleren Westen auf und erkrankte zweimal an Polio. Im Alter von 17 Jahren war er vollständig gelähmt und brachte sich selbst wieder das Aufstehen und Gehen bei: »[…] Das Unbewusste besteht aus allem, was Sie im Leben gelernt haben. Das meiste davon haben Sie völlig vergessen, greifen aber in Ihren Verhaltensautomatismen darauf zurück. Ein großer Teil unseres Verhaltens sind also automatische Wirkungen dieser vergessenen Erinnerungen. […] Wissen Sie, wie man geht? Wie man aufsteht? […] Ich musste das Aufstehen zweimal lernen – einmal als Kleinkind und einmal als Achtzehnjähriger.«[228] Frei nach Erickson bestimmt die Diversität des Trauerns die Trauerbegleitung mit ihrem vielfältigen methodischen Blumenstrauß.[229] Er nutzt in seinem Ansatz unter anderem Metaphern, Sprachbilder, Analogien und Wortspiele, um bei den in Trance befindenden Betroffenen neue Ideen und Lösungsmöglichkeiten für deren Probleme anzuregen.

## Was ist Hypnose?

Hypnose ist eine Technik. Das Wort Hypnose leitet sich von *hypnos*, dem griechischen Wort für Schlaf ab. Hypnose ist ein tief entspannter Zustand, in dem der Geist sich außerordentlich gut auf jede Suggestion konzentrieren kann. Sie ist somit eine innere Aktivität bei äußerer Entspannung. Im Zustand der Hypnose findet eine Erhöhung der Konzentration und eine Aktivierung der sogenannten Alpha-Rhythmen im Gehirn statt. Die rechte Hirnhälfte mit ihrem bildhaften, phantasiereichen und kreativen Denken wird aktiviert, während die linke Hirnhälfte mit ihrem logisch-analytischen Denken nur wenig in ihrer Aktivität nachlässt. Die bewusste Kontrolle bleibt damit weitgehend erhalten. In diesem Zustand ist eine Steigerung der Problemlösefähigkeit sowie mehr Kreativität möglich.

**BEWUSSTES UND UNBEWUSSTES** Der bewusste Bereich der Psyche arbeitet quantitativ unter Einsatz von Wörtern, Zahlen sowie logischem und sequenziellem Denken. Der unbewusste Bereich verwendet dagegen Bilder, Erinnerungen, Gefühle, Intuition, Träume und abstraktes, nicht-sequenzielles Denken. Nach Erickson ist unser Erziehungssystem darauf ausgelegt, gewisse äußere Kriterien des Wissens zu erfüllen (Leistungsnachweise mit Noten). Der bewusste Teil der Psyche hat meistens die Oberhand, da er gut trainiert wird. Die Fähigkeit des Individuums zur Verwendung von Kreativität und assoziativen Prozessen für die Persönlichkeitsentwicklung wird kaum erworben und bleibt unbewusst und unbekannt.[230]

**TRANCE** ist ein geistiger Zustand, in dem die Aufmerksamkeit voll und ganz auf eine bestimmte Sache gerichtet ist. Erickson definiert Trance auf folgende Weise: der unmittelbaren Umgebung keine Aufmerksamkeit schenken, innerlich irgendwo anders sein. Er beschreibt Trance als gewöhnliche Erfahrung: »Jeder, der während einer Vorlesung geistesabwesend aus dem Fenster sieht, erlebt Trance mit weitgeöffneten Augen. Sie beachten die äußere Vorlesung und Ihre Umgebung nicht, wenn Sie sich in innere Wirklichkeiten einstimmen.«[231]

Tranceähnliche Zustände treten häufig in Situationen auf, in denen man entspannt ist. Hypnotherapie nutzt den Trancezustand, um Zugriff auf die Ressourcen des Unbewussten zu erhalten, wodurch die gewünschten Veränderungen erreicht werden können. Die Fähigkeit, eine Trance zu entwickeln, ist angeboren.

»In der Hypnotherapie geschieht grundsätzlich eigentlich gar nichts Neues, es kann niemals von außen etwas ›in den Menschen hineingebracht‹ werden, was nicht ohnehin schon längst als gelebtes Potenzial gespeichert ist.«[232]

## Anwendungsmöglichkeiten in der Trauerbegleitung

Ziel ist die Stärkung der Selbstwirksamkeit.

- **Entspannungstechniken**: Muskelentspannung
- **Achtsamkeitsübungen**: Atementspannung, Body-Scan
- **Stressbewältigung** und **Ressourcenorientierung**: Visualisierung (Wer stärkt mich? Vorstellung: rechts hinter der Schulter »Helfer« aufstellen lassen), Imaginationen (»Anker-Übung«, »Sicherer Ort« und Landschaften erschaffen), Fantasiereisen
- **Metaphern** (s. S. 174)
- **Geschichten, Märchen, Anekdoten** erzählen. Während der Zuhörer einer Geschichte lauscht, bildet deren Inhalt Verknüpfungen zu Dingen, die bereits in seinem Gedächtnis gespeichert sind. Dabei hilft dieser Inhalt, je nach der Geschichte, Selbstwahrnehmungen sowie sein allgemeines Weltbild positiv oder negativ zu formen und zu verändern.
- als Lösungsvorschläge
- als Fingerzeige zur Selbsterkenntnis
- von Gedanken und zum Steigern der Motivation
- zum Verändern von starren Beziehungsmustern
- zum Umdeuten und Neudefinieren eines Problems, dem Reframing (s. S. 165).
- **Imaginationen** zur Ich-Stärkung. Wohlwollende Lebensbegleitung im inneren Team.

# Der hypnosystemische Ansatz

Gunther Schmidt verband den systemischen und den hypnotherapeutischen Ansatz miteinander und prägte dafür den Begriff »hypnosystemisch«. Roland Kachler griff diesen Ansatz für die Trauerbegleitung auf, siehe auch im Kapitel »Trauermodelle« (s. S. 52).

Aus dem systemischen Ansatz heraus ist Trauerarbeit für Kachler »zu verstehen als eine dreifache Beziehungsarbeit: Sie muss mit dem Trauernden, mit dem Verstorbenen und mit ihrer Beziehung arbeiten.«[233] Der Trauernde bleibt Teil des Systems, allerdings in einer anderen Art und Rolle.

»Hypnotherapeutisch gesehen ist die Trauerarbeit eine kreative und internale Beziehungsarbeit.«[234] Die Ansätze und Methode der Hypnotherapie werden dabei eingesetzt. Kachler schreibt: »Bei den Trauernden herrscht das unwillkürliche Erleben vor, [...] Die aktive und willentliche Steuerung durch das Ich tritt demgegenüber zurück.«[235] Genau dieses Nicht-willentlich-steuern-Können beschreibt im hypnotherapeutischen Ansatz den Trance-Zustand. Die Realität dringt nur oberflächlich durch. Der Trauernde ist wie in einer anderen Sphäre, wie in Trance. Aber genau in dieser Trauertrance, wie Kachler es nennt, liegt eine heilende Kraft.

In der Hypnosystemischen Trauerbegleitung sollen die Trauernden eingeladen werden, ihre Aufmerksamkeit auf das Unbewusste zu richten, um die darin enthaltenen Ressourcen zu nutzen. Kachler spricht davon, dass diese unbewussten Trauerreaktionen für die Trauernden intuitives Wissen und hilfreiche Wegweiser im Trauerprozess sind und als unbewusste Selbstorganisationskräfte verstanden werden. Er arbeitet in dem Zusammenhang mit Ritualen und Trancearbeit, wobei er die Trancen »Imaginationen« nennt und damit auch für Nicht-Hypnotherapeuten praktikabel macht. Das Unbewusste, die Intuition, das innere Wissen, wie auch immer man es nennt, wird bei Kachler zum hilfreichen Trauerbegleiter.[236] Damit wird deutlich, dass der Hypnosystemische Ansatz eine starke Kompetenzorientierung und Ressourcenorientierung hat.

Beim Hypnosystemischen Ansatz geht es Kachler zufolge »um die Neukonstruktion einer inneren Beziehung der Trauernden zum Verstorbenen«. »Diese internale Präsenz und Repräsentanz des Verstorbenen werden vom Trauernden auf allen Sinneskanälen im Trauerprozess bewusst als innere Beziehung zu ihm gestaltet.« [237] Trauernde nehmen die Verstorbenen oft sehr sinnlich wahr – sie spüren körperlich die Nähe des Verstorben, riechen, hören den Verstorben, haben Wahrnehmungen in der Natur, z. B. Schmetterlinge, einen Regenbogen, sprechen mit dem Verstorbenen, haben innere Bilder. Diese Nähe-Erfahrungen der Trauernden sowie das Erinnern können den Prozess hin zu einer neuen Form der Beziehung, als innere Beziehung, unterstützen. Die Verstorbenen werden nicht aus dem Leben verbannt, sondern erhalten einen neuen Platz und eine neue Rolle. Sie dürfen also Teil des Lebens bleiben.

Sowohl Fragetechniken aus dem Systemischen Ansatz als auch die Aufmerksamkeitsfokussierung auf die unbewussten, inneren Ebenen werden eingesetzt.

## Stabilisierung

- Was/Wer stützt mich?
- Was gibt Sicherheit?
- Was gibt Struktur?
- Was hilft, die Verzweiflung zu begrenzen, die aufbrechenden Gefühle und den Schmerz erträglich zu machen?
- Was hilft, den Alltag zu bewältigen?
- »Was bräuchten Sie denn jetzt, damit Sie die nächsten schlimmen Tage überstehen können, auch wenn Sie es sich im Augenblick kaum vorstellen können angesichts der unendlich traurigen Situation? Vielleicht gibt es doch so etwas wie einen unbewussten Lebenswunsch oder auch einen ganz bewussten Lebenswillen. Wie könnte der Ihnen zugänglich werden?«[238] (Weitere Fragen im Kapitel »Systemische Methoden« s. S. 160).

Imagination: »Ein haltender innerer Trauerort«[239]

## Wo ist der verstorbene Mensch?

»Die Frage nach dem Aufenthaltsort des verstorbenen geliebten Menschen ist für Trauernde in der Regel eine existenzielle Frage.«[240]

> »Wenn Sie sich einen guten Ort für Ihren geliebten Menschen vorstellen, einen Ort, an dem er auf eine neue Weise sein kann, wie könnte dieser Ort aussehen? Wäre es eher ein schützender, umgrenzter Raum oder eher ein weiter, offener Raum? Wäre es dort eher warm oder eher angenehm kühl? Welchen Farbton müsste dieser Ort haben, an dem Ihr geliebter Mensch gut da sein könnte?«

Imagination: »Suchreise nach einem sicheren Ort für den Verstorbenen«.[241] Roland Kachler setzt auch gerne Rituale (s. S. 141) ein.

# Symbole und Metaphern

Der Tod hat etwas Unbegreifliches, Unbeschreibliches und Unfassbares. Trauernden fällt es zuweilen schwer, in Worte zu fassen, was der Tod für sie bedeutet und mit ihnen macht. Es fehlen die Worte. Und gleichzeitig sind Worte manchmal zu hart, zu direkt und deshalb noch nicht aussprechbar. Bilder hingegen können einerseits Komplexes ausdrücken und andererseits verstanden werden, ohne dass Worte ausgesprochen werden müssen. Mit einer bildhaften Ausdrucksweise lassen sich unbewusste Ebenen erreichen und damit Potenziale für den Trauerprozess erschließen. Dieser bildhafte Zugang findet sich mit Symbolen oder einer bildhaften Sprache, Metaphern.

## Symbole

Symbole sind konkrete Zeichen oder auch Gegenstände, die auf einen Sinnzusammenhang verweisen und dabei eine fest zugeschriebene Bedeutung haben. Die jeweilige Bedeutung eines Symbols wird vom Gegenüber – ohne Worte – verstanden. Symbole können damit etwas ausdrücken, was wir nicht unmittelbar ergreifen und beschreiben können. Symbole in der Trauer gibt es viele und sie haben eine große Wirkung. Oft sind sie mit rituellen Handlungen verknüpft, dazu mehr im Kapitel »Rituale« (s. S. 141). Sie können beruhigen und stabilisieren.

**SYMBOLE ALS DOLMETSCHER** Die Arbeit mit Symbolen in der Trauerbegleitung besteht im Kern darin, jemanden über sich selbst etwas entdecken zu lassen – ohne als Trauerbegleitende etwas Konkretes erreichen zu wollen.

Dabei eignet sich jeder Gegenstand als Symbol. Der Gegenstand wird zum subjektiven Bedeutungsträger. Über die Wahl des Gegenstandes entscheiden die Trauernden selbst und verbinden diese mit ihrer Geschichte und ihren Gefühlen. Die Bedeutung des Gegenstandes als Symbol können wir uns erklären lassen. Eine Regel sollte sein, dass keine Interpretation oder Deutung von den Trauerbegleitenden ausgehen sollte. Symbole können dann Stellvertreter für Situationen und Beziehungen sein. Die Trauernden können einen Gegenstand mit den Verstorbenen in Verbindung bringen und die dazugehörige Geschichte erzählen.

Symbole können helfen, das emotionale Gedächtnis zu aktivieren. Dabei bleiben die Erinnerungen für die Trauernden dosierbar, weil ihnen die Wahl bleibt, wie viel sie davon mitteilen wollen. Zusätzlich können die Trauerbegleitenden die Ressourcen zum Symbol herausarbeiten. Diese Ressourcen wiederzubeleben und ein praktisches Verständnis für die alltägliche Anwendung zu üben, ist hilfreich für die Trauerarbeit.[242]

## Beispiel für Symbole: das Anker-Symbol

*Aus einer Kiste mit Ankern verschiedener Größe und Schwere und aus unterschiedlichen Materialien sollen die Trauernden einen aussuchen. Was symbolisiert für sie ein Anker? (Halt geben, Anker werfen / Anker legen)*

*Wo haben die Trauernden in ihrem Leben einen besonderen Halt erfahren?*

- *Was gibt ihnen noch besonderen Halt?*
- *Wo sehen sie ihre Ressourcen?*
- *Wo sind derzeit im Leben ihre Anker?*
- *Wo brauchen sie Anker?*
- *Wo brauchen sie stärkere Anker?*[243]

## Metaphern

Unsere Sprache besteht teilweise aus Metaphern. Metaphern sind sprachliche Phänomene, die nicht unmittelbar am Wortsinn ansetzen. Sie werten und analysieren nicht. »Ihre Botschaft ist von Natur aus sanfter, subtiler und individueller als logische Schlussfolgerungen oder Verhaltensregeln. Metaphern sind Geschichten und Erlebnisse, die all das, was wir bereits wissen, mit Bereichen verknüpfen, in denen wir nicht von vornherein sicher sind, was wir tun sollen.«[244]

Menschen in Trauer wenden sich einer metaphernreichen Sprache zu, um ihre Erfahrungen und Gefühle zu verstehen und auszudrücken. Beispiel: »Ich fühle mich wie einzementiert.« Die bildliche Sprache schafft es, sich schnell und stark zu verbinden sowie in die komplexen Emotionen einzutauchen. Wenn Trauerbegleitende mit Gefühlen in der Trauer arbeiten, können sie die Sprache der Trauernden aufnehmen und den Gefühlen einen Raum geben.

Gleichzeitig können Trauerbegleitende Metaphern anbieten, damit beispielsweise die Unmöglichkeit absoluter Kontrolle erlebt und Alternativen wie die Bereitschaft zum Akzeptieren erfahren werden können.

### Beispiel für Metaphern: »Ball im Wasser«

*»Mit der Metapher ›Ball im Wasser‹ kann man die Kontraproduktivität des Versuchs, Gedanken und Gefühle zu kontrollieren, veranschaulichen und gleichzeitig darauf hinweisen, dass Akzeptieren und Bereitschaft Alternativen dazu sein können.*

*Wir könnten das, was Sie mit Ihren Gedanken, Erinnerungen und Gefühlen tun, mit einem Kampf vergleichen, den Sie mit einem*

*Ball in einem Pool austragen. Sie mögen diese Dinge nicht. Sie wollen Sie nicht und möchten, dass sie aus Ihrem Leben verschwinden. Deshalb versuchen Sie, den Ball unter Wasser zu drücken, um ihn aus Ihrem Bewusstsein zu entfernen. Aber der Ball kommt immer wieder an die Wasseroberfläche, und Sie müssen ihn immer wieder unter Wasser drücken und ihn dort festhalten. Durch Ihren Kampf mit dem Ball halten Sie diesen in Ihrer Nähe, und dieses ganze Bemühen ist ermüdend und außerdem sinnlos. Ließen Sie den Ball los, würde er in der Nähe wieder an der Wasseroberfläche auftauchen, und das würde Ihnen wahrscheinlich nicht gefallen. Doch wenn Sie ihn dort, wo er wieder auftaucht, eine Weile treiben lassen, ohne sich wieder mit ihm abzugeben, könnte er auf die andere Seite des Pools treiben. Und selbst wenn er das nicht täte, könnten Sie zumindest Ihre Arme frei bewegen und das Schwimmen genießen, statt Zeit damit zu vergeuden, gegen den Ball anzukämpfen.«*[245]

# Toolbox für Trauerbegleitende

Die Toolbox ist lebendig, sie soll und darf erweitert werden. Sie muss ab und zu überarbeitet, wieder aufgefüllt und aktualisiert werden. Auch dafür ist es gut, wenn die Trauerbegleitenden offen und neugierig bleiben und sich und ihre Toolbox zwischendurch immer wieder prüfen.

## Immer vorhanden:

- ausreichend Papiertaschentücher
- etwas zu trinken

## Nützliche Utensilien:

- wenn eine Mitte oder ein Tisch etc. gestaltet werden soll: Blumen, Kerzen, Tücher, symbolische Gegenstände
- Teelichte, Kerzen mit entsprechender Unterlage – Tablett, Glas o.Ä.
- Feuerzeug oder Streichhölzer
- Namensschilder für die Trauergruppe
- Sammlung von Postkarten, Fotos etc., z.B. für ein Stimmungsbild (»Wie geht es Ihnen heute?«) oder auch für andere Fragestellungen, z.B.: »Wo ist der Verstorbene?«
- Kartensets – es gibt spezielle Trauerkartensets, z.B. »Trauerwege« von der Erzdiözese Freiburg oder »Trauerarbeit« von Beate Alefeld-Gerges. Es lassen sich auch andere Kartensets verwenden, z.B. »Engel, die dich begleiten« von Anselm Grün.
- Sammlung von symbolischen Gegenständen anlegen: Steinen, Herzen, Perlen, Glitzersteinen, verschiedenen Materialien wie Holz, Bändern in verschiedenen Farben, Schlüsseln, Blättern, Glasscherben, kleinen Spielzeugen etc.
- Playlist mit Musik zum Entspannen oder zum Nachdenken und Anregen mit deutschen Texten, z.B. Herbert Grönemeyer, Silbermond, Udo Lindenberg
- Stifte und Papier
- evtl. Flipchart, Pinnwand, andere Medien

## Beispiel für Gruppenregeln

Diese Gruppe soll und will …

- ein Ort sein, wo Trauer und Tränen sein dürfen, wo Trauer und alle damit verbunden Gefühle

Raum und Platz haben und wo auch nach langer Zeit immer noch über die eigene Trauer geredet werden darf, egal wie lange der Verlust zurückliegt.
- ein geschützter Ort sein, in dem wir uns mit Respekt und Achtsamkeit begegnen, nichts erklären müssen, so sein dürfen, wie uns gerade jetzt zumute ist. Das kann auch bedeuten, dass jemand an einem Abend nicht sprechen möchte.

Damit das gelingen kann, möchten wir einige Regeln setzen:
- Was hier gesprochen und einander anvertraut wird, bleibt innerhalb der Gruppe und wird nicht nach außen getragen (Schweigepflicht).
- Wir hören einander zu und unterbrechen uns nicht gegenseitig.
- Wir wollen nicht vergleichen. Es gibt keine schlimmere und weniger schlimme Trauer. Das schließt auch mit ein, dass wir nicht bewerten. Alle sind für sich selbst verantwortlich und entscheiden für sich, was für sie gut oder schlecht ist.
- Wir gehen auch davon aus, dass es kein »richtig« oder »falsch« gibt in der Trauer, alle haben ihren ganz eigenen Weg in der Trauer. Was den einen hilft, mag für die anderen nicht passen.
- Wir sprechen möglichst von unseren eigenen Erfahrungen, nicht von »man«, und wir mögen Vorschläge und die Erfahrungen anderer, aber keine Ratschläge.
- Wir fangen pünktlich an und hören pünktlich auf.
- Die Leitungen achten auf die Einhaltung der Regeln. Sie haben die gemeinsame Zeit im Blick, so dass möglichst Raum für alle ist, die sprechen möchten. Wenn die Zeit einmal nicht reichen sollte, suchen wir nach einer passenden Lösung.

## Eine Sammlung von Texten zulegen

Texte, Geschichten, Gedichte und Sprüchen sammeln (Texte ohne Quellenangaben finden sich online unter entsprechenden Stichwörtern wie Urheber und Name des Textes). Beispiele:
- Ulrich Schaffer: Du hast ein Recht auf Deine Trauer[246]
- Die Geschichte der Familie Bonhoeffer über deren Weihnachtsritual: Du fehlst oder Die Lücke im Baum. Sie stammt aus der Familie Bonhoeffer, Dietrich Bonhoeffers Schwester Sabine Leibholz-Bonhoeffer hat es beschrieben.

- Dietrich Bonhoeffer: Ein kostbares Geschenk – die Lücke bleibt
- Lis Bickel und Daniela Tausch: Ich dank' Dir
- Jorgos Canacacis: Die Gefühle in der Trauer fließen lassen.[247] Der Gebirgssee ist die Metapher dabei.
- Jörg Zink: Die Brücke der Trauer[248]
- Peter Spangenberg: Ein trostloser Trost[249]
- Rainer Maria Rilke: Über die Geduld
- Petra Focke: In unseren Herzen[250]
- Ute Latendorf: Leben lernen
- Renate Salzbrenner: Meine beiden Gesichter
- Ulrich Schaffer: Du hast das Recht, deine dunklen Stunden zu durchleben[251]
- Angelika Daiker: Die Trauer mitnehmen
- Erich Fried: Aufhebung
- Heinke Geiter: Dass wir das Leben wieder leise lernen.[252] Geschichten zum Umgang mit Schmerz und Last (»Die Geschichte der Perlmuschel« oder »Die Geschichte von der Palme«) und solche, in denen es um Perspektivwechsel geht – über das, was verloren ging zu dem, was bleibt (»Dass wir das Leben wieder leise lernen« und »Die Geschichte über den Fluss«).
- Marie-Luise Bödiker und Monika Theobald: Trauer-Gesichter.[253] Hier findet sich z.B. die Geschichte »Zwei Bäume im Park« zum Thema »Verlust – ohne den Verstorbenen sein«.

- **Mein Weg der Trauer**

  **Den Weg, den ich vor mir habe, kennt keiner.**
  **Nie ist ihn einer gegangen, wie ich ihn gehen werde.**
  **Es ist mein Weg. Unauswechselbar.**
  **Ich kann mir Rat, Hilfe und Trost holen, aber gehen muss ich ihn.**
  **Ich will diesen Weg gehen, so schwer er auch sein mag.**
  **Und sicher wird es immer beides geben:**
  **Tränen, Wut, Schmerz und Verzweiflung,**
  **aber auch Hoffnung, Liebe und Dankbarkeit.**
  **Es soll mein Weg sein. Mein eigener Weg.**

  Verfasser unbekannt

## Körperübungen

Auch hier geht es darum, sich eine eigene Sammlung zu erstellen. Es ist für die Trauerbegleitenden empfehlenswert, die Übungen vor dem Einsatz selbst zu erleben und auszuprobieren.

**Atemübungen zur Entspannung**

- Setzen Sie sich bewusst und aufrecht hin.
- Konzentrieren Sie sich auf Ihren Atem. Folgen Sie Ihrer Einatmung und Ausatmung in Ihrem Rhythmus, ganz bewusst. Zählen Sie die Ausatmungen – fünf Ausatmungen.
- Und dann: Stellen Sie sich vor, dass mit dem Ausatmen alles geht, was Sie loslassen können.
- Mit der Einatmung nehmen Sie neue Energie/Frische in sich auf.

**Zur Stabilisierung** besonders nach dem ersten Gruppenabend. Ein Beispiel:

- »Bevor wir nach Hause gehen und die Gruppe für heute beenden, möchte ich Sie bitten aufzustehen.
- Nehmen Sie sich etwas Platz, sodass Sie Ihre Arme ausbreiten können.
- Sie haben den ersten Abend in der Trauergruppe durchlebt – der erste Gruppenabend ist meistens sehr schwer. Ihre eigene Trauer, die Trauer der anderen Teilnehmenden. Viele Emotionen, ganz unterschiedliche Gefühle, viel Belastendes schwingt im Raum. Und deshalb wollen wir dafür Sorge tragen, dass alle nur das mitnehmen, was zu ihnen gehört, und nicht mehr. Das Eigene ist genug.
- Stellen Sie sich bequem hin und breiten Sie die Arme leicht aus. Stellen Sie sich vor, dass alles über Ihre Arme und Beine in die Erde abfließt, was nicht zu Ihnen gehört. Strengen Sie sich nicht an, stellen Sie sich, so gut Sie können, vor, dass es abfließt, aus Ihnen heraus über die Arme und die Beine hinaus. Alles fließt ab, was nicht das Ihre ist, was nicht zu Ihnen gehört – so als würden Sie in einem warmen Sommerregen stehen und der warme Regen reinigt und nimmt alles mit, was nicht das Ihre ist«.

Auch zwischendurch kann Schütteln, Abklopfen, Abstreifen usw. helfen, um wieder bei sich zu sein, sich zu spüren und Belastendes abzugeben.

**Sich spüren, Kraft tanken**

Den Körper wahrnehmen hilft, bei sich zu sein, sich zu spüren z.B. mit der Achtsamkeitsübung »Body Scan«.

- »Ich bitte Sie aufzustehen. Nehmen Sie sich etwas Platz, es sollte nicht zu eng sein.
- Jetzt stellen Sie sich vor, aus Ihren Füßen wachsen dicke und viele Wurzeln tief in die Erde hi-

nein bis zum Mittelpunkt. Diese Wurzeln geben Stabilität und durch diese Wurzeln strömen all die guten Kräfte der Erde in Sie hinein. Stellen Sie sich all diese guten Kräfte vor, die aus der Erde in Sie strömen – Kräuter, Wasser, heilende und nährende Stoffe. Ihr ganzer Körper wird erfüllt von diesen guten Kräften der Erde.

— Nun heben Sie Ihre Arme nach oben und stellen sich vor, Ihre Arme wären Äste mit Blättern und Blüten. Über diese Äste nehmen Sie alle nährenden und hilfreichen Kräfte aus dem Himmel auf – Wind und Wasser, Wärme und Licht – alle heilenden und nährenden Stoffe des Himmels gelangen über Ihre Arme in Ihren Körper und erfüllen Ihren ganzen Körper.
— Nun nehmen Sie die Hände vor Ihre Brust und danken Himmel und Erde für die nährende und kräftigende Energie.
— Jetzt legen Sie die Arme um sich, als ob Sie sich selbst umarmten. Danken und würdigen Sie sich selbst für das, was Sie heute geleistet haben.«

Auf diese Weise gestärkt schütteln Sie Arme und Beine aus und nehmen wieder Platz.

**Zum Erinnern**

— Das Fünf-Finger-Erinnerungsritual von Kachler[254].

**Zum Abschied aus der Gruppe**

»Abschied begehen« – kleines Ritual am Schluss:

— Wir stehen im Kreis, ganz nah hinter dem Stuhl.
— Wir gehen einen kleinen Schritt zurück, halten inne und gehen noch einen Schritt zurück.
— Wir drehen uns einmal um die rechte Schulter, so, dass wir nach außen schauen.
— Wir gehen einen kleinen Schritt weiter.
— Wir drehen uns noch einmal um die rechte Schulter und blicken wieder in die Runde.
— Wir bedanken uns mit einer kleinen Verneigung oder einem Kopfnicken.

## Imaginationen, Meditationen

Nicht alle Trauernden können mit Imaginationen und Meditationen etwas anfangen. Für manche ist die Vorstellung von inneren Bildern schwierig. Für die Leitungen heißt es dann, den Druck zu nehmen: »Wenn es nicht passt oder nicht geht, dann ist das völlig okay. Sie können einfach zuhören.«

**Stabilisieren, Kraft tanken**

- Roland Kachler: Ein haltender innerer Trauerort[255]
- Roland Kachler: Ein sicherer Ort für den Trauernden[256]
- Luise Reddemann: Gepäck ablegen, Tresor-Übung[257] – Gepäck ablegen kann eingesetzt werden, um mal eine Pause von der Trauer zu machen. Bei der Tresor-Übung geht es darum, alles Belastende mal wegzupacken, in einen Tresor. Man kann es jederzeit wieder herausholen.

**Die Trauer spüren**

- z.B. Roland Kachler: Meine Tränenkristalle schenke ich Dir[258]

**Ein neuer Platz für den Verstorbenen als inneres Gegenüber**

- Meditation: Roland Kachler: Meinen inneren Raum öffne ich für Dich[259]
- Roland Kachler: Dich in meinem Herzen spüren[260]
- Roland Kachler: Dein heilsamer Paradiesgarten [261]

**Wo ist der Verstorbene?**

- Ein sicherer und guter Ort für den Verstorbenen
- Roland Kachler: Suchreise nach einem sicheren Ort für den Verstorbenen[262]
- Bei Kachler finden sich weitere Imaginationen zum Thema, z.B. Regenbogenimagination, Mein Blick zu deinem Stern.[263]

**Erinnern**

- z.B. Roland Kachler: Erinnerungsschatzkästchen[264]

**Schuld und Vorwürfe**

- z.B. Roland Kachler: Ich bitte Dich um Verzeihung [265]

Wenn Sie etwas Erfahrung mit Imaginationen gesammelt haben oder bereits erfahren sind, dann können Sie diese auch selbst erstellen oder entsprechend abwandeln.

## Beispiel zum Abschluss einer Trauergruppe

Zeit einplanen für den Austausch danach. Es ist hilfreich, das Gedachte auszusprechen. Im Austausch ergeben sich immer wieder neue Impulse.

**Abschluss-Reflexion**

- Das letzte Treffen – wir wollen gemeinsam zurückblicken auf die vergangenen Wochen. Setzen Sie sich bequem auf Ihren Stuhl. Atmen Sie einige Male ruhig ein und aus. Lassen Sie sich mittragen von den Worten.

- Gehen Sie in Gedanken zurück zum ersten Gruppentreffen. Erinnern Sie sich daran, wie Sie sich gefühlt haben? Wie ging es Ihnen, als Sie sich auf den Weg gemacht haben zum ersten Abend der Trauergruppe? Wie haben Sie sich gefühlt, als Sie den Raum betreten haben? Sie haben uns Gruppenleitungen gesehen, Sie haben die anderen Teilnehmenden gesehen. Sie haben von sich erzählt, Sie haben von der Trauer der anderen erfahren. Können Sie sich erinnern?
- Atmen Sie einige Male ruhig ein und aus.
- Von diesem ersten Treffen bis heute, unserem letzten Treffen, ist einiges passiert. Weihnachten, Silvester, Neujahr haben Sie durchgestanden. Auch Gedenktage waren dabei wie der erste Todestag oder der Geburtstag. Oder der eigene Geburtstag ohne die Verstorbenen.
- Wir haben verschiedene Bilder, Fragen, Texte herangezogen. Jedes Mal haben wir die Verstorbenen mit in die Runde eingeladen, indem Sie eine Kerze für jeden und jede entzündet haben und den Namen ausgesprochen haben. Wir haben mit inneren Bildern und äußeren Bildern gearbeitet. Wir haben uns mit den vielen Facetten des Trauerweges befasst. Wir haben die so unterschiedlichen Gefühle, die die Trauer mit sich bringt, angeschaut und so weiter.
- Immer zum Abschluss haben wir uns in Gedanken die Hände gereicht, den Segen gesprochen, uns beieinander bedankt.
- Wir haben uns ausgetauscht, geweint und gelacht. Nach all der Zeit – Wie geht es Ihnen heute? Was fühlen Sie, wie fühlen Sie sich?

**Wenn Sie sich die letzten Wochen in Erinnerung bringen:**

- Hat sich etwas verändert? Und wenn ja, können Sie die Veränderung benennen, in Worte fassen?
- Was ist Ihnen wichtig geworden? Oder: Was hat Ihnen gutgetan und was nicht?
- Was nehmen Sie mit aus dieser Zeit in der Trauergruppe?
- Atmen sie ruhig ein und aus. Lassen Sie sich Zeit.
- Und dann kommen Sie zurück ins Hier und Jetzt – recken und strecken Sie sich und atmen Sie tief durch.

# Quellenangaben


1. Achenbach, Thomas (2019): Männer trauern anders. Was ihnen hilft und guttut. Patmos Verlag, Ostfildern
2. Alefeld-Gerges, Beate (2018): Trauerarbeit. Impulskarten für Bildungsarbeit, Oasentage und Meditation. Don Bosco Medien GmbH, München
3. Bfarm: https://www.bfarm.de/DE/Kodiersysteme/Klassifikationen/ICD/ICD-11/uebersetzung/_node.html (aufgerufen am 04.01.2023)
4. Birkholz, Carmen (2018): Trauer und Demenz. Trauerbegleitung als verstehender Zugang und heilsame Zuwendung. Vandenhoeck & Ruprecht Verlag, Göttingen
5. Boeckh, Albrecht (2008): Methodenintegrative Supervision. Ein Leitfaden für Ausbildung und Praxis. Klett-Cotta, Stuttgart
6. Boeckh, Albrecht (2016): Gestalttherapeutische Methoden in der Supervision. Unveröffentlichtes Kursmaterial der Supervisions-Ausbildung an der Akademie für Bildung und Personalentwicklung (ABiP) am Universitätsklinikum Tübingen
7. Bonanno, George A. & Manchine, A.D. (2012): Beyond resilience and PTSD: Mapping the heterogeneity of responses to potential trauma. In: Psychological Trauma Theory Research Practice and Policy. Vol. 4, No. 1, 74–83
8. Bonanno, George A. (2012): Die andere Seite der Trauer. Verlustschmerz und Trauma aus eigener Kraft überwinden. Aisthesis, Bielefeld
9. Bonano, George A., Burton, L., Charles L. (2013): Regulatory Flexibility: An Individual Differences Perspective on Coping and Emotion Regulation. Perspectives on Psychological Science 8(6):591–612. DOI: 10.1177/1745691613504116 pps.sagepub.com
10. Bonanno, George A (2021): The End of Trauma. How the new science of resilience is changing how we think about PTSD. Basic Books, New York, NY
11. Bödiker, Marie-Luise, und Theobald, Monika: (2008): Trauer-Gesichter. Hilfen für Trauernde – Arbeitsmaterialen für die Trauerbegleitung. 4. Aufl., der hospiz Verlag, Esslingen
12. Bonhoeffer, Dietrich: Ein kostbares Geschenk. In: Widerstand und Ergebung, DBW Band 8, Seite 255 f www.dietrich-bonhoeffer.net/zitat/689-es-gibt-nichts-was-uns-die/?tx_dbwdb_zitat%5BsearchString%5D=die%20l%C3%BCcke&cHash=5d11841deadc1c3b7cf9c8b143a2dc8c (aufgerufen am 27.06.2023)
13. Bowlby, John (2006): Bindung. Reinhardt, München
14. Bristowe, Katherine; Timmins, Liadh; Braybrook, Debbie; Marshall, Steve; Pitman, Alexandra; Johnson, Katherine; Day, Elizabeth; Clift, Paul; Rose, Ruth; Yi, Deokhee; Yu, Peihan; Gao, Wei; Roach, Anna; Almack, Kathryn; King, Michael; Richard Harding (2023:) LGBT+ partner bereavement and appraisal of the Acceptance-Disclosure Model of LGBT+ bereavement: A qualitative interview study. Palliative Medicine, Vol. 37(2) 221–234
15. Buijssen, Huub (2021): Traumatische Erlebnisse in der Pflege. Unterstützung im Team und Selbsthilfe. Springer, Berlin
16. Bundesinstitut für Arzneimittel und Medizinprodukte: https://www.bfarm.de/DE/Kodiersysteme/Klassifikationen/ICD/ICD-11/uebersetzung/_artikel.html(aufgerufen am 26.07.2023)
17. Bundeszentrale für gesundheitliche Aufklärung: Stress und Stressbewältigung https://doi.org/10.17623/BZGA:Q4-i118-2.0
18. Burden, Christy; Bradley, Stephanie; Storey, Claire; Ellis, Alison; Heazell, Alexander; Downe, Soo; Cacciatore, Joanne & Siassakos, Dimitros (2016): From grief, guilt pain and stigma to hope and pride – a systematic review and metaanalysis of mixed-method research of the psychosocial

impact of stillbirth. BMC Pregnance an Childbirth. 16:9 DOI 10.1186/ s12884–016–0800–8

19. Canacakis, Jorgos (1989): Ich sehe deine Tränen. Lebendigkeit in der Trauer. Kreuz Verlag Stuttgart
20. Canacakis, Jorgos (1990): Ich begleite dich durch deine Trauer. Kreuz Verlag Stuttgart
21. Coelho, Alexander & Barbosaa, Antonio (2017): Family Anticipatory Grief: An Integrative Literature Review. In: American Journal of Hospice & Palliative Medicine. Vol. 34 (8) 774–785
22. Cohn, Ruth C. (1975): Von der Psychoanalyse zur Themenzentrierten Interaktion. Klett, Stuttgart
23. CO-LIVE project (2023): the impact of the COVID-19 pandemic on death and bereavement (completed): https://www.uvh.nl/university-of-humanistic-studies/research/chair-groups-and-research-projects/care-ethics/projects/co-live-project-the-impact-of-the-covid-19-pandemic-on-death-and-bereavement-completed (aufgerufen am 04.07.23)
24. Cox, S. (2019). Choosing optimism. In: Nursing Mangagement. https://doi-10.1097/01.NUMA.0000554342.78131.97
25. Currier, Joseph M.; Irish, Jennifer E.F.; Neimeyer, Robert A.; Foster, Joshua D. (2015): Attachment, Continuing Bonds, and Complicated Grief Following Violent Loss: Testing a Moderated Model, Death Studies, 39:4, 201–210, DOI: 10.1080/07481187.2014.975869
26. Dalheimer, Ruth (2018): Traumatische Erfahrungen und Trauer. Basiskurs Trauerbegleitung. Unveröffentlichtes Kursmaterial – Elisabeth-Kübler-Ross-Akademie®
27. Destatis: https://www.destatis.de/DE/Presse/Pressemitteilungen/2022/04/PD22_162_125.html (aufgerufen am 25.04.2023)
28. Deutsche Depressionshilfe: https://www.deutsche-depressionshilfe.de/depression-infos-und-hilfe/was-ist-eine-depression/diagnose-der-depression; https://www.deutsche-depressionshilfe.de/depression-infos-und-hilfe/selbsttest-offline (aufgerufen am 07.07.2023)
29. Deutsche Trauma-Stiftung: https://www.deutsche-traumastiftung.de/traumata/; https://www.deutsche-traumastiftung.de/traumata/symptome-traumata/ (aufgerufen am 13.03.2023/10.5.2023)
30. Deutscher Hospiz- und Palliativ-Verband e.V. (2017): Trauer und Trauerbegleitung. Eine Handreichung des DHPV
31. Deutschlandfunk Kultur www.deutschlandfunkkultur.de/tag-des-schlafes-wir-sind-eine-nonstopp-gesellschaft-dlf-kultur-79269ba9–100.html (aufgerufen am 07.07.2023)
32. Domin, Hilde (1999): Der Baum blüht trotzdem (2. Auflage). S. Fischer Verlag, Frankfurt
33. Eifert, Georg H. (2022): Akzeptanz- und Commitment-Therapie (ACT). 2. Aufl. Hogrefe, Göttingen
34. EMDR: https://www.emdr.de/home; https://www.emdria.de/ (aufgerufen am 07.07.2023)
35. Enöckl, Christina (2022): Traumatische Erfahrungen begleiten. Basiskurs Trauerbegleitung. Unveröffentlichtes Kursmaterial – Elisabeth-Kübler-Ross-Akademie®
36. Ernst, G., Franke, A.; Franzkowiak, P. (2022): Stress und Stressbewältigung. In: Bundeszentrale für gesundheitliche Aufklärung (BZgA) (Hrsg.). Leitbegriffe der Gesundheitsförderung und Prävention. Glossar zu Konzepten, Strategien und Methoden. https://doi.org/10.17623/BZGA:Q4-i118–2.0
37. Erzdiözese Freiburg: Trauerwege. Impulse für Trauernde bei einem Spaziergang oder einer Wanderung … Sowie für Trauerbegleitung. Zu beziehen über den Shop des Erzbischöflichen Seelsorgeamts.
38. Fischedick, Heribert (2014): Die Anatomie von Ritualen. In Küpper-Popp, Karolin/Lamp, Ida (Hg.) (2014): Rituale und Symbole in der Hospizarbeit. Ein Praxisbuch. 2. Auflage. Gütersloher Verlagshaus, Gütersloh

39. Forschungsgruppe Weltanschauungen in Deutschland – fowid: https://fowid.de/meldung/religionszugehoerigkeiten-2020 (aufgerufen am 07.07.2023)
40. Franke, Alexa (Herausgeberin, Übersetzerin), Antonovsky, Aaron (Autor), Schulte, Nicola (Übersetzerin) (1997): Salutogenese: Zur Entmystifizierung der Gesundheit. dgvt-Verlag, Tübingen
41. Frankl, Viktor E. (2009): ... trotzdem Ja zum Leben sagen: Ein Psychologe erlebt das Konzentrationslager. 12. Auflage. Kösel Verlag, München
42. Freud, Sigmund (2006): Zur Dynamik der Übertragung. In: Sigmund Freud. Werkausgabe in zwei Bänden. Band 1 Elemente der Psychoanalyse. S. Fischer, Frankfurt/Main
43. Geiter, Heinke (2014): Dass wir das Leben wieder leise lernen. Wege durch die Trauer gemeinsam gehen – Konzeption eines Trauerseminars in sieben Einheiten. Der hospiz verlag, Ludwigsburg
44. Gellert, Manfred & Nowak, Claus (2002): Teamarbeit, Teamentwicklung, Teamberatung Ein Praxisbuch für die Arbeit in und mit Teams. Verlag Christa Limmer
45. Gerz, J. Steffen (2014): Der Ritualbegriff und die Bedeutung der Ritualforschung im wissenschaftlichen Kontext. In: Küpper-Popp, Karolin/Lamp, Ida (Hg.) (2014): Rituale und Symbole in der Hospizarbeit. Ein Praxisbuch. 2. Auflage. Gütersloher Verlagshaus, Gütersloh
46. Goddemeier, Christof (2019): Aaron Antonovsky, Vater der Salutogenese. Deutsches Ärzteblatt, Heft 8
47. Grün, Anselm (2016): Das Buch der Rituale. Jeden Tag erfüllter leben. Herder Verlag, Freiburg
48. Grün, Anselm (2017): Engel die dich begleiten. Vier-Türme Verlag, Münsterschwarzach
49. Grün, Anselm (2018): Jeden Tag zur Ruhe kommen.Jahresbegleiter. 2. Aufl. Herder, Freiburg im Breisgau
50. Haller, Susanne (2003): Trauerprozess, Trauerarbeit – was bewirken Trauergruppen? Unveröffentlichte Abschlussarbeit der Weiterbildung Palliative Care. Hospiz Stuttgart
51. Haller, Susanne (2016): Hypnotherapeutische Methoden in der Supervision. Unveröffentlichtes Kursmaterial
52. Haller, Susanne, im Interview mit Prof. Dr. Dr. h. c. Christoph Student (2019): ..., dass die Fetzen flogen – ein Gespräch mit Christoph Student. Die hospizzeitschrift Nr. 82, 21. Jg. ISSN 16173686.
53. Haller, Susanne & Napiwotzky, Annedore (2023): Bewusstmachen der eigenen Gefühle in der Trauerbegleitung in Kommunikation. Basiskurs Trauerbegleitung. Unveröffentlichtes Kursmaterial – Elisabeth-Kübler-Ross-Akademie®
54. Haller, Susanne (2023): Kommunizieren in Palliative Care und Hospizarbeit. Empathisch Sorgen und in Beziehung sein. In: Geiger, Ulrike; Heimerl, Katharina (Hrsg.): Grundformen der Kommunikation in Palliative Care
55. Hansen, Hartwig (2017): A bis Z der Interventionen in Gruppen. Flipchart-Tools für Beratung, Supervision und Teamentwicklung. Klett-Cotta, Stuttgart
56. Hayes, Steven C. (2013): Metaphern und die Befreiung des Menschen. In: Stooddard, Jill & Afari, Niloofar (2016): Metaphern und Übungen für die ACT-Arbeit. Materialien für Therapeuten. Probst, Lichtenau/Westf.
57. Henke, Stefan (2019): Denkbare Ergänzungen der Arbeit mit Symbolstraßen. In: Schneider, Wilfried (Hrsg.): Wenn Worte fehlen – Symbole als Dolmetscher. Ein Praxisbuch für Therapie, Beratung, Begleitung von Teams und Pädagogik. Studienverlag, Innsbruck
58. Hirsmüller, Susanne; Schröer, Margit; Schulz-Quach, Christian, Schnell, Martin W (2019): Besonderheiten in der Palliativversorgung homo-, bi-, trans-, und intersexueller (LSBTI+) Personen. In: Schnell M. & Schulz-Quach, C. (Hrsg.): Basiswissen Palliativmedizin (3. Auflage) Springer, Berlin

59. Hofmann, Arne (2006): EMDR. Therapie psychotraumatischer Belastungssyndrome (3. vollständig überarbeitete und erweiterte Aufl.). Thieme, Stuttgart
60. Jackson, Vicki A.; Jacobsen, Juliet; Greer, Joseph A.; Pirl, William F.; Temel, Jennifer S.; Back, Anthony L. (2013): The Cultivation of Prognostic Awareness Through the Provision of Early Palliative Care in the Ambulatory Setting: A Communication Guide. In: Journal of Palliative Medicine. Volume 16, Number 8. DOI: 10.1089/jpm.2012.0547
61. James, P., Kim, E., Kubzansky, L., Zevon, E., Trudel-Fitzgerald, C. & Grodstein, F. (2020). Optimism and Healthy aging in Women. Am J Prev Med. Author manuscript; available in PMC 2020 January 01. Published in final edited form as: Am J Prev Med. 2019 January; 56 (1): 116–124 doi:10.1016/j.amepre.2018.07.037.
62. Kachler, Roland (2011): Damit aus meiner Trauer Liebe wird. Neue Wege in der Trauerarbeit. Kreuz Verlag Freiburg
63. Kachler, Roland (2014) (1): Meine Trauer wird dich finden. Ein neuer Ansatz in der Trauerarbeit. 13. Auflage, Kreuz Verlag Freiburg
64. Kachler, Roland (2014) (2): Hypnosystemische Trauerbegleitung. Ein Leitfaden für die Praxis. 3. Auflage, Carl-Auer, Heidelberg
65. Kast, Verena (erweiterte Neuauflage 2013): Trauern. Phasen und Chancen des psychischen Prozesses. 35. Gesamtauflage. Kreuz Verlag, Freiburg
66. Klein, Rudolf & Kannicht, Andreas (2020): Einführung in die Praxis der systemischen Therapie und Beratung. 4. Aufl. Carl-Auer, Heidelberg
67. Klumpp, Martin (o.J.): Trauer – psychische und spirituelle Aspekte. Unveröffentlichtes Kursmaterial – Elisabeth-Kübler-Ross-Akademie®
68. König, Oliver & Schattenhofer, Karl (2016): Einführung in die Gruppendynamik. (8. Aufl), Carl-Auer, Heidelberg
69. Kübler-Ross, Elisabeth (1971): Interviews mit Sterbenden. Kreuz Verlag, Stuttgart
70. Kübler-Ross, Elisabeth (1993): Erfülltes Leben, würdiges Sterben. Gütersloher Verlagshaus
71. Kübler-Ross, Elisabeth, & Kessler, David (2006): Dem Leben neu vertrauen. Kreuz Verlag Stuttgart
72. Kreuels, Martin (2014): Männer trauern anders. Welches Bild hast du (Mann) im Kopf, wenn du an deine Trauer denkst? Männliches Trauerverhalten biologisch erklärt. Books on Demand, Norderstedt
73. Lammer, Kerstin (2010): Den Tod begreifen. Neue Wege in der Trauerbegleitung. Vandenhoeck & Ruprecht, (5. Aufl.) Göttingen
74. Lammer, Kerstin (2014): Trauer verstehen. Springer (4. Aufl.) Berlin, Heidelberg
75. Langenmayr, Arnold (1999): Trauerbegleitung. Beratung, Therapie, Fortbildung, Vandenhoeck & Ruprecht, Göttingen
76. Lazarus, Richard S.; Folkman, Susan (1984) Stress, Appraisal, and Coping. Springer New YorkLeibholz-Bonhoeffer, Sabine: Die fehlst oder die Lücke im Baum. Online unter https://heike-lander.de/du-fehlst-oder-die-luecke-im-baum/ (aufgerufen am 27.06.2023)
77. Lundorff, M., Holmgrena, H., Zachariae R., Farver-Vestergaard, O'Connor, M. (2017): Prevalence of prolonged grief disorder in adult bereavement: A systematic review and meta-analysis. Journal of Affective Disorders Volume 212, Pages 138–149
78. Maercker, Andreas (2015): Die neuen Trauma- und Belastungsdiagnosen des ICD-11: Konsequenzen für das Diagnostizieren und Therapieren. Workshop Material Deutsche Gesellschaft für Trauma und Dissoziation (DGTD) https://www.dgtd.de/fileadmin/user_upload/issd/tagung_2015/nachlese/dgtd_dresden-2015_workshop_maercker.pdf (aufgerufen am 15.03.2023)
79. Maslow, A.H. (1943). A theory of human motivation. Psychological Review, 50(4), 370–396. https://doi.org/10.1037/h0054346
80. Methfessel, Johannes (2019): Psychiatrische Probleme in der Trauer

stören. Basiskurs Trauerbegleitung. Unveröffentlichtes Kursmaterial – Elisabeth-Kübler-Ross-Akademie®

81. Mikulincer, Mario & Shaver, Phillip R. (2022): An attachment perspective on loss and grief. Current Opinion in Psychology. 45:101263

82. Mitscherlich, Alexander und Margarete (1977): Die Unfähigkeit zu trauern: Grundlagen kollektiven Verhaltens. Piper, München

83. Mojtabai, Ramin (2011): Bereavement-Related Depressive Episodes Characteristics, 3-Year Course, and Implications for the DSM-5. In: Arch Gen Psychiatry. 2011;68(9):920–928

84. Morris, Sue (2022): Best practice in bereavement care. Kurshandout Palliative Care Practice and Education. Center for Palliative Care – Harvard Medical School

85. Müller, Monika (2016): Trauergruppen leiten. Betroffenen Halt und Struktur geben. (2. Aufl.), Vandenhoeck & Ruprecht Verlag, Göttingen

86. Neimeyer, Robert, A.; Baldwin, Scott,A., Gillies, James (2006): Continuing bonds and reconstructing. Death Studies, 30: 715–738. Taylor & Francis Group, LLC ISSN: 0748–1187 print/1091–7683; online https://DOI: 10.1080/07481180600848322

87. Neimeyer, Robert, A., Burke, Laurie A., Mackay, Michael M., van Dyke Stringer, Jessica G. (2010): Grief Therapy and the Reconstruction of Meaning: From Principles to Practice. Journal of Contemporary Psychotherapy 40(2):73–83

88. Niebuhr, Reinhold (20121) https://www.herder.de/pb/hefte/archiv/2021/3-2021/bekannte-texte-predigen-gelassenheitsgebet-von-reinhold-niebuhr/ (aufgerufen am 04.07.2023)

89. O´Connor, Mary-Frances, Seeley, Saren (2022): Grieving as a form of learning: Insights from neuroscience applied to grief and loss. Current Opinion in Psychology. 43:317–322

90. Paessens-Deege, Alwine (Hg.): Lasst uns end-lich leben: Gedichte, Lieder, Geschichten und Texte, die an die Endlichkeit des Lebens erinnern (2004) Santiago Verlag, Schorndorf

91. Paul, Chris (2010): Schuld macht Sinn. Arbeitsbuch für die Begleitung von Schuldfragen im Trauerprozess. Güterloher Verlagshaus, Gütersloh

92. Paul, Chris (2019): Wir leben mit deiner Trauer. Für Angehörige und Freunde. 2. Auflage, Gütersloher Verlagshaus, Gütersloh

93. Pearce C, Honey JR, Lovick R et al.: A silent epidemic of grief': a survey of bereavement care provision in the UK and Ireland during the COVID-19 pandemic. BMJ Open 2021;11: e046872. https://bmjopen.bmj.com/content/11/3/e046872

94. Pisarski, Waldemar (1988): Anders trauern – anders leben. (2. Aufl.) Kaiser, München

95. Prigerson, Holly G.; Horowitz, Mardi J.; Jacobs, Selby C.; Parkes, Colin M.; Aslan, Mihaela; Goodkin, Karl; Raphael, Beverley; Marwit, Samuel J.; Wortman, Camille; Neimeyer, Robert A.; Bonanno, George; Block, Susan D.; Kissane, David; Boelen, Paul; Maercker, Andreas; Litz, Brett T.; Johnson, Jeffrey G.; First, Michael B.; Maciejewski, Paul K. (2009): Prolonged Grief Disorder: Psychometric Validation of Criteria Proposed for DSM-V and ICD-11. In: PLoS Medicine Volume 6 Issue 8 e1000121

96. Prigerson Holly G. & Maciejewski Paul K. (2022): Prolonged grief disorder. The Lancet Psychiatry Vol. 9, Issue No. 9, 696

97. Reddemann, Luise (2017): Hör-CD mit ressourcenorientierten Übungen. Reihe Leben lernen, Klett-Cotta, Stuttgart

98. Reddemann, Luise (2017): Imagination als heilsame Kraft. Ressourcen und Mitgefühl in der Behandlung von Traumafolgen. (20. Auflage) Klett-Cotta, Stuttgart

99. Reich, K. (2003) (Hg.): Methodenpool. Uni Köln http://methodenpool.uni-koeln.de/download/reframing.pdf (aufgerufen am 28.04.2023)

100. Rinnert, Ulrike (2014): Einführung in die Transaktionsanalyse. 101 Grundlagenkurs. Unveröffentlichtes Kursmaterial – Elisabeth-Kübler-Ross-Akademie®

101. Rogers, Carl R. (2000): Entwicklung der Persönlichkeit. Psychotherapie aus der Sicht eines Therapeuten. 13. Auflage, Klett-Cotta, Stuttgart

102. Rosner, Rita; Pfoh, Gabriele; Rojas, Roberto; Brandstätter, Monika; Rossi, Ruth; Lumbeck, Gudrun; Kotoučová, Michaela; Hagl, Maria; Geissner, Edgar (2015): Anhaltende Trauerstörung. Manuale für die Einzel- und Gruppentherapie. Hogrefe, Göttingen

103. Schaffer, Ulrich (2018): Grundrechte – ein Manifest, Kreuz Verlag, Freiburg

104. Schaufel M.; Moss D.; Donovan R.; Li Y.; Thoele D.G.( 2021): Better Together: Long-term Behaviors and Perspectives after a Practitioner-Family Writing Intervention in Clinical Practice. Perm J. 2021 May;25:20.250. doi: 10.7812/TPP/20.250. PMID: 33970079; PMCID: PMC8817932

105. Schmidt, Gunther (2022): Einführung in die hypnosystemische Therapie und Beratung. (10. Aufl.) Carl-Auer, Heidelberg

106. Schnegg, Matthias (2014): Erwärmen in der Trauer. Psychodramatische Methoden in der Begleitung. Edition Leidfaden. V&R, Göttingen

107. Schneider, Wilfried (2019): Wenn Worte fehlen – Symbole als Dolmetscher. Ein Praxisbuch für Therapie, Beratung, Begleitung von Teams und Pädagogik. Studienverlag, Innsbruck

108. Schnell, Martin & Schulz-Quach, Christian (2019) Kommunikation in der Palliativmedizin. In: Schnell, M. & Schulz-Quach, C. (Hrsg.): Basiswissen Palliativmedizin (3. Auflage) Springer, Berlin

109. Schröter-Rupieper, Mechthild (2014): Trauerrituale – nicht nur für Kinder und Jugendliche. In: Küpper-Popp, Karoli/Lamp, Ida (Hg.) (2014): Rituale und Symbole in der Hospizarbeit. Ein Praxisbuch.( 2. Aufl.), Gütersloher Verlagshaus Gütersloh

110. Schwikart, Georg (2015): Tod und Trauer in den Weltreligionen. (3. Aufl.), Verlagsgemeinschaft topos plus, Kevelaer

111. Smeding, Ruthmarijke E.W. & Heitkönig-Wilp, Margarete (2010). (Hg.): Trauer erschließen – eine Tafel der Gezeiten. HospizVerlag, Wuppertal

112. Spangenberg, Jörg (2020): FÜLLE. Schätze aus 25 Jahren der andere Advent. Wege zum anderen, Andere Zeiten e.V., Hamburg

113. Snyder, C.R. (2000). Hypothesis: There is hope. In C.R. Snyder (Ed.), *Handbook of hope: Theory, measures, and applications* (pp. 3–21). Academic Press. https://doi.org/10.1016/B978-012654050-5/50003-8

114. Song, Jieun; Mailick, Marsha; Greenberg, Jan; Floyd, Frank (2019): Mortality in parents after the death of a child. Soc Sci med. 239: 112522

115. Statistisches Bundesamt: https://www.destatis.de/DE/Presse/Pressemitteilungen/2022/04/PD22_162_125.html

116. Staudacher, Diana (2021): Das »Haus« der Hoffnung. Elemente eines Hoffnungskonzeptes für Palliative Care. In: pflegen:palliativ. 49. Friedrich Verlag, Hannover

117. Stewart, Ian & Joines, Vann (2000): Die Transaktionsanalyse – Eine Einführung. Herder, Freiburg

118. Stooddard, Jill & Afari, Niloofar (2016): Metaphern und Übungen für die ACT-Arbeit. Materialien für Therapeuten. Probst, Lichtenau/Westf.

119. Stroebe, Margaret; Schut, Henk; Stroebe, Wolfgang (2007): Health outcomes of bereavement. Lancet. Dec 8;370(9603):1960–73. doi: 10.1016/S0140-6736(07)61816-9. PMID: 18068517

120. Stroebe, Margaret & Schut, Henk (2010): The Dual Process Modell of Coping with bereavement: a decade on. OMEGA. Vol 61(4) 237–289

121. Stroebe, Margaret; Stroebe, Wolfgang, Van der Schoot, Rens; Schut, Henk; Abakoumikin, Georgios; Li, Jie (2014): Guilt in Bereavement: The Role of Self-Blame and Regret in Coping with Loss. PLoS ONE 9 (5): e96606. doi:10.1371/journal.pone.0096606

122. Student, Johann-Christoph (2008): Die Begleitung Trauernder. CNE Fortbildung und Wissen für die Pflege. Thieme, Stuttgart

123. Tausch, Reinhard & Tausch, Anne-Marie (1990): Gesprächspsychotherapie. Hilfreiche gruppen- und Einzelgespräch in Psychotherapie und alltäglichen Leben. (9. Auflage) Verlag für Psychologie (Hogrefe), Göttingen

124. Tedeschi R.G.; Calhoun L.G. (2005) The Posttraumatic Growth Inventory: measuring the positive legacy of trauma. J Trauma Stress. 1996 Jul;9(3):455–71. doi: 10.1007/BF02103658. PMID: 8827649.Todorov, A., Mandisodza, A.N., Goran, A. & Hall, C.C.: Inferences of Competence from Faces Predict Election Outcomes. Science. Vol 308, Issue 5728, pp. 1623–1626

125. Thoele DG, Gunalp C, Baran D, Harris J, Moss D, Donovan R, Li Y, Getz MA. Health Care Practitioners and Families Writing Together: The Three-Minute Mental Makeover. Perm J. 2020;24:19.056. doi: 10.7812/TPP/19.056. Epub 2019 Nov 22. PMID: 31852046; PMCID: PMC6907914.

126. Twycross, 2009: Vortrag beim Fachtag des Deutschen Hospiz- und PalliativVerbands e.V.- DHPV

127. Weinberger, Sabine (1998): Klientenzentrierte Gesprächsführung. Eine Lern- und Praxisanleitung für helfende Berufe. 8. Auflage Beltz, Weinheim und Basel

128. Worden, J. William (2018): Beratung und Therapie in Trauerfällen. Ein Handbuch. (5. Aufl.) Hogrefe, Bern

129. Zeig, Jeffrey K. (Hrsg.) (2011): Meine Stimme begleitet Sie überallhin. (10. Aufl.), Klett-Cotta, Stuttgart

130. Zettl, Stefan (2019): Seelisches und körperliches Wohlbefinden. Menschliches Leben braucht tragende soziale Beziehungen. S. 4 ff. Zeitschrift pflegen: palliativ 44.

131. Zink, Jörg: Die Brücke der Trauer. Karten erhältlich bei https://thomas-verlag.de/produkt/trauerkarte-die-bruecke/

132. Znoj, Hansjörg (2016): Trennung, Tod und Trauer. Geschichten zum Verlusterleben und zu dessen Transformation. Hogrefe, Berlin


## Liebe Leserin, lieber Leser,

hat Ihnen dieses Buch weitergeholfen? Für Anregungen, Kritik, aber auch für Lob sind wir offen. So können wir in Zukunft noch besser auf Ihre Wünsche eingehen. Schreiben Sie uns, denn Ihre Meinung zählt!

Ihr TRIAS Verlag


https://kundenservice.thieme.de
Lektorat TRIAS Verlag, Postfach 300504, 70445 Stuttgart


/trias.tut.mir.gut /trias_verlag /triasverlag www.trias-verlag.de/newsletter

# Endnoten

1 Kübler-Ross 1971
2 Haller 2019, S. 41 ff
3 Kübler-Ross 1993
4 Haller 2003
5 Rogers 2000, S. 46
6 Rogers 2000, S. 46
7 Rogers 2000, S. 46
8 Rogers 2000, S. 51f
9 Rogers 2000, S. 51f
10 Tausch & Tausch 1990, S. 22 f.
11 Rogers 2000, S. 64
12 Rogers 2000, S. 70
13 Rogers 2000, S. 70
14 Todorov et al. 2005
15 Weinberger 1998, S. 97
16 Reddemann 2017 (2), S. 24
17 Reddemann 2017 (2), S. 34
18 Haller 2023
19 Schnell & Schulz-Quach 2019, S. 133
20 Worden 2018
21 Schnell & Schulz-Quach 2019, S. 134
22 Haller 2023
23 Haller 2023, S. 26–40
24 Haller 2023
25 Tausch & Tausch 1990
26 Freud 2006, S. 494
27 Freud 2006
28 Rogers 2000, S. 120
29 Haller 2003, S. 1 f
30 Domin 1999, S. 11
31 Stroebe & Schutt 2007
32 Song et al. 2019
33 Ernst et al. 2022
34 Lazarus & Folkmann 1984
35 Lammer 2010, S. 134 ff
36 Lazarus & Folkmann 1984
37 James et al. 2020
38 Antonovsky 1979
39 Cox et al. 2019
40 Goddemeier 2019
41 Snyder 2006
42 Staudacher 2021
43 Bowlby 2006
44 Zettl 2019
45 Mikulincer & Shaver 2022
46 O'Connor & Seeley 2022
47 O'Connor & Seeley 2022
48 Bonanno 2012, S. 94
49 Rogers 2000 im persönlichen Gespräch
50 Bonanno & Burton 2013, S. 94
51 Frankl 2009
52 Tedeschi & Moore 2021
53 Tedeschi & Moore 2021
54 Tedeschi & Moore 2021
55 Tedeschi & Moore 2021
56 Niebuhr 2021
57 Bödiker & Theobald 2008, S. 171
58 Pisarski 1988, S. 9
59 Lammer 2014 S. 2
60 Lammer 2010 S. 76
61 Lammer 2010 S. 76
62 DHPV 2017, S. 10
63 Kast 2013, S. 71 ff
64 Kast 2013, S. 76 ff
65 Kast 2013, S. 81 ff
66 Kast 2013, S. 11
67 Worden 2018, S. 45
68 Worden 2018, S. 50 f
69 Worden 2018, S. 52 ff
70 Worden 2018, S. 56 f
71 Lammer 2010, S. 211 f
72 Lammer 2020
73 Kübler-Ross & Kessler 2006
74 Kübler-Ross & Kessler, 2006, S. 32
75 Kübler-Ross 1971
76 Kübler-Ross & Kessler 2006, S. 23
77 Kübler-Ross & Kessler 2006, S. 23
78 Kübler-Ross & Kessler 2006, S. 25ff
79 Kübler-Ross & Kessler 2006, S. 31 ff
80 Kübler-Ross & Kessler 2006
81 Kübler-Ross & Kessler 2006
82 Kübler-Ross & Kessler 2006, S. 131
83 Kübler-Ross & Kessler 2006, S. 131
84 Kübler-Ross & Kessler 2006, S. 133
85 Bonanno 2012, S. 31 f
86 Smeding 2010, S. 246
87 Smeding 2010, S. 152 ff
88 Smeding 2010, S. 207
89 Smeding 2010, S. 209 f
90 Smeding 2010, S. 267 f
91 Kachler 2014 (1), S. 14
92 Kachler 2014 (1), S. 48
93 Paul 2019, S. 9
94 Paul 2019, S. 11
95 Paul 2019, S. 14
96 Paul 2019, S. 15
97 Paul2019, S. 17
98 Paul 2019, S. 20
99 Paul 2019, S. 21
100 Lammer 2010, S. 78
101 Stroebe et al. 2014
102 Stroebe et al. 2014
103 Paul 2010
104 Paul 2010, S. 53
105 Paul 2010
106 Rosner et.al. 2015, S. 68
107 Burden et al. 2016
108 Neimeyer et al. 2010

109 Neimeyer et al. 2010
110 Reddemann 2015
111 Stroebe et al. 2014
112 Pisarski 1988
113 Pisarski 1988, S. 16
114 Pisarski 1988, S. 16
115 Kreuels 2014
116 Achenbach 2019
117 Achenbach 2019, S. 59
118 Achenbach 2019, S. 141
119 Achenbach 2019, S. 87
120 Bristowe et al. 2023
121 Hirsemüller et.al. 2019, S. 193
122 Fowid
123 Destatis
124 Schwikart 2015
125 Pearce C et al. (2021)
126 CO-LIVE project
127 Mitscherlich 1977
128 Coelho & Barbosa, 2017
129 Twycross, 2009
130 Birkholz 2018, S. 11
131 Birkholz 2018, S. 33
132 Birkholz 2018, S. 97
133 Birkholz 2018, S. 134
134 Birkholz 2018, S. 135
135 Birkholz 2018, S.135 f
136 Lundorff et al. 2017
137 Lundorff 2017
138 Prigerson et al. 2022
139 Bfarm online
140 Maercker 2015
141 Maercker 2015
142 Rosner et al. 2015, S. 16
143 Rosner et al. 2015, S. 16
144 Rosner et al. 2015, S. 16
145 Eifert 2022, S. 20
146 Thoele et al. 2020
147 Eifert 2022, S. 23
148 Neimeyer et al. 2010
149 Neimeyer et al. 2006
150 Rosner et al. 2015, S. 147
151 Rosner et al. 2015, S. 149
152 Mojtabai 2011
153 Methfessel 2019
154 Deutsche Traumastiftung online
155 Buijssen 2021
156 Enöckl 2022
157 Deutsche Traumastiftung online
158 Dalheimer 2018
159 Hofmann, 2006 S. 15
160 Hofmann 2006
161 Müller 2016, S. 39
162 Bödiker & Theobald 2014, S. 32
163 König & Schattenhofer 2016
164 Maslow 1943
165 Hansen 2017
166 Cohn 1975
167 König & Schattenhofer 2016, S. 51 ff
168 Gellert & Nowak 2002, S. 165 ff
169 König & Schattenhofer 2016, S. 55
170 König & Schattenhofer 2016, S. 62 f
171 Grün 2018, S. 68
172 Bödiker & Theobald 2014, S. 141
173 Bödiker & Theobald 2014, S. 140
174 Bödiker & Theobald 2014, S. 141
175 Müller 2016, S. 45 f
176 Bödiker & Theobald 2014, S. 144
177 Müller 2016, S. 43
178 Canacakis 1989, Seite 25 f; Gorenflo (CD, Verlag: cap-music); Bödiker & Theobald 2014, S.181
179 Geiter 2014, S. 84
180 siehe Geiter 2014, S. 138
181 Kachler 2011, S. 184
182 Bödiker & Theobald 2014, S.199
183 Kachler 2014, S. 155
184 (Verfasser unbekannt)
185 Schaffer 2018
186 Bödiker/Theobald 2014, S. 181 ff
187 Kachler 2005, S. 184
188 (Verfasser unbekannt)
189 Alefeld-Gerges 2018
190 Kachler 2005, S. 115
191 In: Paessens-Dege 2004, S. 206 f
192 Focke, Petra (Textkarte Patmos-Verlag)
193 Bickel & Tausch, online abrufbar
194 Grün
195 Gerz 2014, S. 56
196 Fischedick 2014, S. 25 f
197 Kachler 2014, S. 95
198 Kachler 2014, S. 97
199 Schroeter-Rupieper 2014, S. 149
200 Boeckh 2008 S. 262
201 Langenmayr 1999, S. 93
202 Langenmayr 1999, S. 94
203 Langenmayr 1999, S. 94
204 Rinnert 2014
205 Stewart & Joines 2000
206 Reddemann (2) 2017
207 Boeckh 2008, S. 214
208 Boeckh 2008, S. 214
209 Boeckh 2008, S. 214
210 Boeckh 2016
211 Boeckh 2008, S. 223
212 Schnegg 2014, S. 136 f.
213 Schnegg 2014, S. 137
214 Schnegg 2014, S. 21
215 Schnegg 2014, S. 24
216 Schnegg 2014, S. 25
217 Schnegg 2014, S. 38
218 Schnegg 2014, S. 60
219 Schnegg 2014, S. 84

220 Schmidt 2022, S. 50
221 Klein & Kannicht 2020, S. 46 ff
222 Schmidt 2022, S. 52ff
223 Klein & Kannicht 2020, S. 60
224 Klein & Kannicht 2020, S. 65 ff
225 Klein & Kannicht 2020, S. 19 f
226 Reich 2003
227 Schmidt 2022, S.27
228 Zeig 2011, S. 60 ff
229 Haller 2016
230 Erickson et al. 1994, S. 35
231 Erickson et al. 1994, S. 66
232 Schmidt 2022, S. 34 f
233 Kachler 2014, S. 49
234 Kachler 2014 S. 51
235 Kachler 2014 S. 53
236 Kachler 2014
237 Kachler 2014, S. 50
238 Kachler 2014, S. 89
239 Kachler 2014, S. 94
240 Kachler 2014, S. 150 ff
241 Kachler 2014, S.155 f
242 Schneider 2019
243 Schneider 2019
244 Hayes 2013, S. 10
245 Stoddard & Afari 2016, S. 56 f
246 Schaffer 1988
247 Canacacis 1989
248 Trauerkarte Thomasverlag
249 Spangenberg 2020
250 Trauerkarte Patmos-Verlag
251 Schaffer 1988
252 Geiter 2014
253 Bödiker & Theobald 2008
254 Kachler 2014 (1), S. 104
255 Kachler 2014 (2), S. 94
256 Kachler 2014 (1), S. 53 f
257 Reddemann 2017 (1), S. 64 f
258 Kachler 2011, S. 59
259 Kachler 2014 (1), 144
260 Kachler 2011, S. 173
261 Kachler 2014 (1), S. 144, Kachler 2011, S. 173 u.S. 184
262 Kachler 2014 (12), S. 155
263 Kachler 2014 (1), 112 ff
264 Kachler 2014 (1), S. 96 f
265 Kachler 2011, S. 160
266 nach Methfessel 2019

# Sach- und Personenverzeichnis

# Empfehlungen von Susanne Haller und Martina Reinalter

*Hier finden Sie weiterführende Informationen*

**Elisabeth-Kübler-Ross-Akademie:** www.elisabeth-kuebler-ross-akademie.de

**Deutsche Depressionshilfe:**
www.deutsche-depressionshilfe.de

**Fachgesellschaft EMDRIA Deutschland:**
www.emdria.de

**Download Broschüre »Nichts ist mehr, wie es war«**
Die Broschüre ist für Trauerbegleitende, Palliative Care-Fachkräfte usw., die trauernden Menschen etwas in die Hand geben wollen zum Nachschlagen, Anregungen finden und Impulse erhalten für den Umgang mit ihrer Trauer.

»Nichts ist mehr, wie es war. Impulse und Anregungen für Menschen in Trauer.« Elisabeth-Kübler-Ross-Akademie® für Bildung und Forschung

https://elisabeth-kuebler-ross-akademie.de/veroeffentlichungen

**Bibliografische Information der Deutschen Nationalbibliothek**
Die Deutsche Nationalbibliothek verzeichnet diese Publikation in der Deutschen Nationalbibliografie; detaillierte bibliografische Daten sind im Internet über http://dnb.d-nb.de abrufbar.

Programmplanung:
Celestina Filbrandt
Projektmanagement:
Anja Bippus/Manuela Hunfeld
Redaktion:
Bettina Snowdon, Hamburg
Bildredaktion:
Christoph Frick, Marie Crämer
Umschlaggestaltung: © Thieme
Innen-Layout: CYCLUS · Visuelle Kommunikation, Stuttgart

Bildnachweis:
Umschlagmotiv: © Daco/stock.adobe.com – edited by Thieme
Autorinnenfoto S. 2: © Shammi Singh (www.shamminski.com)
Zeichnungen: Susi Schaaf, Bellheim

1. Auflage 2024

TRIAS Verlag in
Georg Thieme Verlag KG
Rüdigerstraße 14,
70469 Stuttgart

Satz: CYCLUS · Media Produktion, Stuttgart
Druck: AZ Druck und Datentechnik GmbH, Kempten

Gedruckt auf chlorfrei gebleichtem Papier

Printed in Germany

ISBN 978-3-432-11632-7
eISBN (ePub)
978-3-432-11633-4

1 2 3 4 5 6

**Wichtiger Hinweis:** Wie jede Wissenschaft ist die Medizin ständigen Entwicklungen unterworfen. Forschung und klinische Erfahrung erweitern unsere Erkenntnisse. Ganz besonders gilt das für die Behandlung und die medikamentöse Therapie. Bei allen in diesem Werk erwähnten Dosierungen oder Applikationen, bei Rezepten und Übungsanleitungen, bei Empfehlungen und Tipps dürfen Sie darauf vertrauen: Autoren, Herausgeber und Verlag haben große Sorgfalt darauf verwandt, dass diese Angaben dem Wissensstand bei Fertigstellung des Werkes entsprechen. Rezepte werden gekocht und ausprobiert. Übungen und Übungsreihen haben sich in der Praxis erfolgreich bewährt. Eine Garantie kann jedoch nicht übernommen werden. Eine Haftung des Autors, des Verlags oder seiner Beauftragten für Personen-, Sach- oder Vermögensschäden ist ausgeschlossen.



Wo datenschutzrechtlich erforderlich, wurden die Namen und weitere Daten von Personen redaktionell verändert (Tarnnamen). Dies ist grundsätzlich der Fall bei Patient*innen, ihren Angehörigen und Freund*innen, z. T. auch bei weiteren Personen, die z. B. in die Behandlung von Patient*innen eingebunden sind.

Thieme Publikationen streben nach einer fachlich korrekten und unmissverständlichen Sprache. Dabei lehnt Thieme jeden Sprachgebrauch ab, der Menschen beleidigt oder diskriminiert, beispielsweise aufgrund einer Herkunft, Behinderung oder eines Geschlechts. Thieme wendet sich zudem gleichermaßen an Menschen jeder Geschlechtsidentität. Die Thieme Rechtschreibkonvention nennt Autor*innen mittlerweile konkrete Beispiele, wie sie alle Lesenden gleichberechtigt ansprechen können. Die Ansprache aller Menschen ist ausdrücklich auch dort intendiert, wo im Text (etwa aus Gründen der Leseleichtigkeit, des Text-Umfangs oder des situativen Stil-Empfindens) z. B. nur ein generisches Maskulinum verwendet wird.